山地城镇土地可持续利用模式研究

张　洪等　著

国家自然科学基金项目（编号：71363061）资助

科学出版社

北　京

内 容 简 介

本书以生态学和可持续发展理论为指导，应用遥感、地理信息系统、土地系统动态模拟和实地踏勘等手段，通过对云南省和典型样本市（县）分析，研究不同地貌类型区山地城镇土地开发与生态系统协调作用机理和生态效应测度方法，分析、比较基于生态安全的各种山地城镇土地可持续利用模式情景方案及其社会经济与生态环境效益，探索适合云南山地城镇土地可持续利用的理论、模式及新型土地管理机制，为构建我国山地城镇发展与生态保护和谐关系的土地利用管理新格局提供理论支撑和政策依据。

本书适合高等院校师生，科研机构和设计单位人员，自然资源、住房与城乡建设、生态环境等相关政府部门工作人员阅读和作为参考书。

图书在版编目（CIP）数据

山地城镇土地可持续利用模式研究 / 张洪等著. —北京：科学出版社，2018.8
ISBN 978-7-03-058519-6

Ⅰ.①山… Ⅱ.①张… Ⅲ.①山地－城市土地－土地利用－可持续发展－研究 Ⅳ.① F293.22

中国版本图书馆CIP数据核字(2018)第184341号

责任编辑：朱海燕 丁传标 / 责任校对：樊雅琼
责任印制：肖 兴 / 封面设计：图阅社

科 学 出 版 社 出版
北京东黄城根北街16号
邮政编码：100717
http://www.sciencep.com
中国科学院印刷厂 印刷
科学出版社发行 各地新华书店经销

2018年8月第 一 版 开本：787×1096 1/16
2018年8月第一次印刷 印张：10 1/2
字数：238 000
定价：99.00元
（如有印装质量问题，我社负责调换）

前　言

我国是多山国家，随着城镇化快速推进，城镇用地扩张与平原优质耕地保护矛盾日益尖锐，像云南这样的山地省份不得不选择在低丘缓坡山地进行城镇与工业园区建设。但山地生态脆弱，地质灾害威胁大，如何科学开发山地城镇土地是当前全国开展山地城镇和工业建设开发试点省份面临的紧迫课题。本书是笔者主持完成的国家自然科学基金项目"基于生态安全的云南山地城镇土地可持续利用模式研究"（项目批准编号：71363061）的研究成果之一。本书以生态学和可持续发展理论为指导，应用遥感（RS）、地理信息系统（GIS）、土地系统动态模拟和实地踏勘等手段，通过对云南省和典型样本市（县）进行深入分析，研究山地城镇土地开发与生态系统协调作用机理和生态效应测度方法，分析比较基于生态安全的各种山地城镇土地可持续利用模式情景方案及其社会经济与生态环境效益，探索适合我国西南山地区域山地城镇土地可持续利用的理论、模式及新型土地管理机制，为构建我国山地城镇发展与生态保护和谐关系的土地利用管理新格局提供理论支撑和政策依据。本书的研究成果不仅对我国山地城镇和工业土地开发与利用管理工作有现实指导意义，而且也是我国山地城镇土地利用理论的重要补充，对丰富和发展我国山地土地利用理论是一个有价值的学术贡献。

本书包括 6 章，第 1 章主要由张洪撰写；第 2 章主要由张洪和研究生王一涵、王安琦、曹京等撰写；第 3 章主要由张洪和研究生宋贝扬、董世杰、樊玉杰等撰写，孟春林同志参与了该章研究中的部分数据库建设和分析工作，李智国副教授参与了该章的部分研究工作；第 4 章主要由张洪、李彦、任洁、袁磊等同志撰写，研究生黎绍凯、束楠楠、邱渝参与了部分数据收集整理和计算分析工作；第 5 章主要由张洪和研究生张雪岩撰写；第 6 章主要由李彦为主撰写，张洪协助撰写。

本书得以出版，首先感谢国家自然科学基金项目（编号：71363061）的资助。其次，感谢作者所在学校——云南财经大学的大力支持，为本书研究和写作提供时间、设备。感谢参加本书研究的同事和研究生，没有他们的辛勤劳动，不可能取得本书研究的成果。最后，衷心感谢我的妻子，没有她的理解和默默奉献，我将一事无成。

如何科学、合理地进行山地城镇建设开发与土地可持续利用，是一项复杂的系统工程。本书只是一个初步探索，许多机理性问题还需要通过长期监测和深入研究才能得到科学结论。所以，本书还存在疏漏和不足之处，需要在未来的研究工作中解决和完善，也欢迎读者给予斧正。

张　洪

2018 年 5 月于昆明云南财经大学康园

目　　录

第1章 概 述

1.1 研究背景

　　我国是一个多山国家，陆域国土空间中山地、高原和丘陵约占69%，盆地占19%，平原占12%。随着我国人口增长、社会经济与城市化的快速发展，对土地的需求不断增加，土地资源的稀缺性日益突出。多年来，在相对狭小的平原地区，粮食生产与住房需求的矛盾日益突出，土地资源难以持续利用。仅2001～2010年的10年间全国耕地减少了9800万亩[①]，守住耕地保护红线、实行最严格的耕地保护制度将始终贯穿于我国资源节约型与环境友好型社会建设。为有效协调耕地保护与城镇化、工业化发展的矛盾，2008年国务院下发了《国务院关于促进节约集约用地的通知（国发〔2008〕3号）》，提出加强土地集约、节约利用，挖掘存量建设用地潜力，从严控制城市（镇）用地规模和各类建设对耕地的占用。

　　然而，现阶段我国山区存量建设用地可挖掘潜力有限。一方面，由于山区耕作半径的制约，农村居民点分布零散，整理难度较大，通过"城乡建设用地增减挂钩"挖掘农村建设用地的潜力十分有限；另一方面，山区经济发展总体水平不高，很难承担旧城改造的高成本。而旧城改造造成的地价与房价上涨，使工业化、城镇化成本不断攀升，影响山区省份的经济发展进程。以昆明市为例，城中村改造的成本是新增建设用地征地成本的20余倍；2008年以来，昆明市主城区因大规模开展"城中村"改造，其地价房价都有较大幅度上升，2012年昆明市主城区商品住房均价是2006年的2.4倍。因此，广大山区省份不得不选择以增量为主、存量挖潜为辅的城镇化、工业化发展用地模式，由此造成山间盆地（俗称坝区）优质耕地保护与城镇化、工业化发展用地需求的矛盾更加突出。据统计，近5年来云南省建设占用耕地约为18.0万hm²，其中78%是坝区优质耕地。为了实现耕地占补平衡，又向不具备耕作条件的陡坡开发劣质耕地。根据第二次土地详查数据，全省15°以上陡

---

① 1 亩 ≈ 666.67m²。

坡耕地占耕地总面积的 44.9%，云南经济发展、城市化与粮食安全、生态环境保护的矛盾比平原省份更加突出。

山区省份低丘缓坡山地资源丰富。据调查，云南省海拔 2500m 以下 8°～25° 低丘缓坡土地面积约为 1813 万 hm²，占全省土地总面积的 47%，其中，适宜城镇和工业建设开发的面积约为 115.7 万 hm²，山地城镇建设的土地空间潜力巨大。低丘缓坡因其土壤瘠薄，通常缺乏农业生产性功能，但是完全具备空间承载功能。从世界城市发展看，山地城镇以立体化的生态美景、对耕地的有效保护，能较好地实现城镇与自然的融合，是当代城镇发展的方向之一。例如，德国的戈斯拉尔，靠山环水，本着"人文生态法则"开展城市建设，在德国宜居城市中名列前茅。阿根廷中西部小城巴利洛，充分利用安第斯山脉的自然景观，建设宜居生态城市，每年的旅游收入十分可观。此外，瑞士等欧洲阿尔卑斯山区、日本、中国的香港和重庆等都有着山地开发建设生态城市的成功经验。因此，向低丘缓坡山地拓展，发展山地城镇，是山区省份缓解经济发展、城镇化与耕地保护矛盾的必然选择，也是我国城镇化用地模式的重要方向之一。2011 年国土资源部下发了《低丘缓坡荒滩等未利用土地开发利用试点工作指导意见》，提倡不同地区因地制宜，转变现有的城镇发展方式，支持云南省、浙江省、贵州省等 11 个低丘缓坡资源丰富省份先期开展山地城镇、工业建设土地综合开发的试点工作。作为唯一全省试点的云南省，不仅低丘缓坡山地资源丰富，而且地质条件复杂、生态环境多样、社会经济发展地域差异显著，其试点在全国具有典型性、示范性。面对机遇与挑战，云南省委省政府十分重视。2011 年云南省出台《云南省人民政府关于加强耕地保护促进城镇化科学发展的意见》（云政发〔2011〕185 号），提出全省低丘缓坡山地进行城镇、工业建设开发的重要性与总体要求，全面启动山地城镇和工业园区建设工作。至 2017 年，全省申报山地城镇、工业建设开发项目 360 余个，批准 176 个，已开工建设 120 余个。

"拓区上山"战略虽然可解决城市化、工业化用地空间的问题，但若开发利用不当，也会带来严重的灾难性后果。因为不合理的山地开发模式破坏山地生态系统，引发地质灾害的例子在世界各地屡见不鲜。尤其是像云南省这种地质灾害高发的省份，1949～2007 年因泥石流和滑坡灾害致使 9213 人死亡，21000 人受伤，造成直接经济损失 82 亿多元，间接经济损失 145 亿元。1986 年至今，云南省因山地灾害撤销了碧江县，搬迁了耿马傣族佤族自治县、元阳县、镇沅彝族哈尼族拉祜族自治县、西盟佤族自治县。城市（镇）是人口、经济和物质财富高度集中的复合体，一旦发生灾害，其损失远比乡村要严重得多。因此，山地城镇建设开发是一个具有一定生态风险、高成本的土地利用开发活动。山地城镇土地开发必须高度重视生态风险，深入研究山地城镇土地开发规模、类型、布局与山地生态系统协调的机理关系，研究山地城镇土地开发生态风险评价和监测的理论与技术方法，探索安全生境条件下的山地城镇土地可持续利用的优化模式与管理机制，尽量减少山地城镇建设对生态系统的扰动和破坏，避免重大灾害损失和生态灾难。

当前，全国山地城镇土地开发正在逐步铺开。本书通过对具有代表性的云南省63个已获批准建设和54个已动工开发建设的山地城镇土地开发项目区，以及对全省典型低丘缓坡山地城镇建设开发区——大理市进行深入实地踏勘，探索山地城镇土地开发与生态系统协调的作用机理，以及生态安全条件下的山地城镇开发土地可持续利用的理论、模式及新型土地管理机制，构建云南省山地城镇发展与生态保护和谐关系的土地利用管理新格局。本书的研究成果不仅对云南省和我国11个正在试点低丘缓坡土地综合开发省份"城镇上山"土地利用规划与管理工作有重要的指导意义，同时也是对我国山地城镇土地利用理论的重要补充，对丰富和发展我国山地土地利用理论是一个有价值的学术贡献。

1.2　国内外研究现状

山地城市（镇）生态化建设在国内和国外都有许多成功案例。最著名的是瑞士阿尔卑斯山旅游带的山地小镇，以特有的建筑形式、与自然环境融合协调的特质，形成独特的魅力，成为让人心驰神往的旅游胜地。山地城镇生态化建设的理论研究源于 Rodney R.White 首创的生态城市理论，目前主要在城市规划方面取得了一些成果。例如，城市规划领域的开拓者——盖迪斯《进化中的城市》的"流域景观分区"，麦克哈格的《设计结合自然》，重庆大学黄光宇的《山地城市学原理》《生态城市理论与规划设计方法》《山地城市空间结构的生态学思考》，王琦、邢忠等提出的山地城市"三维集约生态界定"理论，徐坚的《山地城镇生态适应性城市设计》等，都蕴涵了经济、社会与环境和谐发展的生态理念。最近，住房和城乡建设部正在委托重庆大学编制山地城镇规划技术规范，山地城镇建设受到了国家的关注。

但是，现有山地城市（镇）规划研究重点是城市（镇）建成区建设规划研究，很少涉及区域和完整地貌单元土地利用综合规划布局与生态评价，有较大的局限性。山地作为一个生态系统，具有完整性、关联性和相互作用性。山地城镇建设不仅是城镇建设开发片区如何开发问题，它还严重影响山地区域生态系统和城镇建设所在地貌单元的生态与自然要素（如水、风、地表物质）循环。不合理的山地城镇土地开发正是破坏了山地区域和地貌单元的生态系统平衡与良性循环，才出现了滑坡、泥石流、缺水、污染等威胁山地城镇安全的生态问题。因此，山地城镇建设规划必须增加山地区域土地综合开发利用规划，以及城镇建设所在地貌单元土地综合开发与景观生态规划设计，划分适宜建设的山地地块，确保生态安全所需要的生态基础设施与生态用地（俞孔坚，2009，2010），使山地城镇在安全的生态环境下进行规划和建设，尽量减少山地城镇土地开发对山地生态系统的影响，实现城镇与自然的融合。

近年来，开发利用山地的研究工作受到了科学界的广泛重视，专门成立了相关组织与研究机构，具有代表性的有联合国教育、科学及文化组织和联合国大学共同赞助成立的国际山地学会、国际山地综合开发中心，国内主要有中国地理学会山地分会，中国科学院·建设部山地城镇与区域研究中心，中国科学院·水利部成都山地灾害与环境研究所等，都围绕山地资源的可持续利用做了许多有益的研究探索，形成了大量研究成果。但是，目前山地土地利用研究的重点是人地关系和农、林资源综合开发与土地可持续利用研究（吴传均，1982；郭焕成和陈佑启，1994；刘纪远和布和敖斯尔，2000；陈百明和张凤荣，2001；蔡运龙和李军，2003），较少针对山地城镇建设开发的土地综合利用进行研究。到目前为止，国土资源部还没有颁布山地城镇土地开发的技术标准与规范；学术界对山地城镇建设土地综合开发利用问题，尚没有成熟的理论、技术与政策体系，迅速升温的山地城镇建设实践迫切需要理论、技术和政策支撑。

在研究方法上，现有区域土地利用研究多采用遥感、GIS 和元胞自动机技术，将土地作为一个系统，进行土地系统动态模拟研究。土地系统是一定地域范围内地形、地貌、土壤、基础地质、水文、气候和植被等所有自然因素及过去和目前人类在这一地域范围内土地利用活动及其影响结果的综合体（Turner et al.，1994；刘纪远，1997；蔡运龙，2001；GLP，2005）。通过土地系统动态模拟，旨在回答土地系统结构在何时、何地、为何，以及发生怎样的变化与转换，并导致何种突出的环境效应。对于这些目标的实现，必须应用定量分析的方法，建立土地系统动态模拟模型，阐明土地系统动态变化机制，开展区域用地结构变化情景分析（Turner et al.，1994；李秀彬，1996；庄大方和刘纪远，1997；摆万奇和赵士洞，1997；刘彦随，1999）。土地系统动态模拟系统的开发与应用能够加深人们对土地系统动态变化机制的理解，并为预测区域未来土地系统动态变化趋势提供分析工具。目前，可以用来进行土地系统动态模拟的方法大致分为三类：基于经验统计的方法（CLUE-S 模型）、基于多智能主体分析的方法（Agent-based 模型）、基于栅格邻域关系分析的方法［元胞自动机（CA）模型］（邓祥征，2008）。2008 年邓祥征教授又开发了土地系统动态模拟系统（DLS）方法，该方法以土地系统为研究对象，以区域用地结构变化均衡理论和栅格尺度用地类型分布约束理论为理论依据，综合考虑驱动区域土地系统结构变化的自然控制因子和社会经济驱动因子，在情景分析的基础上，定量地研究它们之间的动态反馈关系，揭示土地系统结构变化与格局演替的机理，模拟区域土地系统演化时空格局。DLS 已被美国 LEES 实验室应用于人地系统中社会经济发展驱动与自然过程制约的土地系统宏观结构变化与格局演替规律的研究中，在 LUCC 动态模拟研究领域得到了推广应用。

综上所述，现有的山地生态城市（镇）理论、人地关系理论和山地土地可持续利用理论，本书研究奠定了较好的理论基础，但是目前尚没有一整套针对山地城镇土地开发相对成熟的理论、模式、方法、技术标准和管理机制，亟须在学术上创新探索。在研究方法上，土地系统动态模拟已被广泛应用到区域土地利用演变研究中，为我们开展本书研究提供了重要参考。然而，目前基于生态约束的山地土地利用动态模拟与生态、经济、社会效益综合评价研究仍处在探索提升阶段，需要不断改进和完善。

1.3　本书研究目标和内容

1.3.1　研究目标

本书通过对国内外景观生态学、山地土地可持续利用和生态城市理论与技术方法的综合研究，提出可供我国及云南省山地城镇土地开发参考的土地可持续利用模式类型和评价技术方法；通过对云南省和典型样本区——大理市进行实证调查分析，研究山地城镇土地开发与生态系统协调的作用机理和生态效应测度方法，解决山地城镇开发生态损失评价的技术瓶颈；采用 DLS、三维 GIS、CA 等技术综合集成，研究不同生态安全水平设置条件下山地城镇土地可持续利用优化模式，以及社会、经济与生态效益，进而探索不同生态安全水平设置条件下云南省及我国山地城镇开发土地可持续利用的一般理论、模式及新型土地管理机制，为构建云南省山地城镇发展与生态保护和谐关系的土地利用管理新格局提供理论支撑和政策依据，也为我国山地省份正在开展的山地城镇土地开发活动提供理论范式，同时对我国城市与土地资源管理学科发展做出学术贡献。

1.3.2 主要研究内容

本书主要研究内容可以分为以下 5 个部分。

1. 山地城镇土地开发的生态效应和生态适宜性评价研究

在对景观生态学、山地地理学、山地土地可持续利用理论与技术方法进行深入研究的基础上，结合云南省山地实际，通过作者实地调查和对典型样本区——大理市进行深入研究，研究山地城镇土地开发与山地生态系统变化的相互关系及其作用机理，以及山地城镇土地开发的生态效应测度指标和方法，通过对典型样本区——大理市进行实证研究，构建山地城镇土地开发生态环境适宜性评价模型，研究生态约束下山地城镇土地开发空间选址的理论与方法。

2. 基于生态安全的山地城镇土地可持续利用模式设计与优化配置研究

在对景观生态学、灾害经济学、城市规划学、可持续发展、山地土地可持续利用和生态城市等理论与技术方法综合研究的基础上，利用典型样本区——大理市的土地利用、地质环境、生态监测、经济发展、城市（镇）化等时空数据，结合市域社会经济、各类产业用地数据，构建区域包含土地资源账户的社会核算矩阵（SAM），在县级区域尺度上，以地块为评价单元，开发研制山地城镇土地开发的 DLS 和 CA，进行不同县域经济社会和生态环境目标约束下，按照高、中、低三种生态安全水平设置要求，山地城镇土地可持续利用模式设计多情景时空动态模拟，研究生态安全约束下山地城镇建设用地开发的空间布局优化的理论模式，分析评价不同山地城镇开发土地可持续利用理论模式的社会、经济、生态效益。

3. 基于生态安全的山地城镇土地可持续利用规划设计研究

在此基础上，进一步研究探索基于低丘缓坡建设开发项目区尺度，适合云南省和我国山地省份生态安全约束下山地城镇开发土地可持续利用的一般模式与规划方法，为山地城镇土地可持续开发利用提供科学依据。

4. 山地城镇开发土地可持续利用的国际经验与典型案例研究

充分收集国内外山地城镇生态化建设开发与土地可持续利用的理论与技术方法文献，比较国外山地城镇建设与土地开发的经济社会背景，分析相关领域生态补偿制度设计与实施效果。总结欧美在山地城镇生态化建设开发与土地可持续利用的体系、制度、管理等方面的经验，拟选取瑞士、日本等典型国家山地城镇生态化建设开发与土地可持续利用案例，做进一步的比较研究，提炼出我国可以借鉴的制度设计和管理经验。

5. 基于生态安全的山地城镇开发土地可持续利用管理机制与政策体系研究

在以上 4 个板块基础上，结合对样本区典型案例进行调查，以我国现行土地管理法规体系为依据，参考国外山地城镇土地生态化利用和管理的经验，探索山地城镇土地可持续利用与管理主客体、途径、方式，明确山地城镇开发土地可持续利用的责任主体和管理对象、范围，研究创新云南省山地城镇土地可持续利用的管理机制和实施政策体系，为构建云南省乃至全国山地城镇发展与生态保护和谐关系的土地利用管理新格局提供政策支撑。

1.3.3　项目的创新与预期成果

本书系统研究了我国山地城镇基于生态思想和生态安全的土地可持续开发利用模式及其管理机制。

山地城镇土地开发活动是近两年我国山地省份破解城镇化与耕地保护矛盾的无奈选择，无论是学术界，还是国家相关部委，都缺乏成熟的理论、模式和技术规范，尤其是如何在生态安全条件下合理进行山地城镇土地开发与可持续利用，目前国内尚处于空白，国际上也没有成熟的理论、模式和适合中国的管理机制。因此，本书研究在学科领域有创新，可以在国际学术界探索一种具有中国特色的山地城镇土地开发与生态系统保护协调发展的可持续土地利用新模式，为解决山地城镇开发建设与生态系统保护的矛盾提供某一方面的途径和政策思路，为正在铺开的中国山地城镇土地开发活动提供一种理论范式。

参 考 文 献

摆万奇，赵士洞 . 1997. 土地利用和土地覆盖变化研究模型综述 . 自然资源学报，12（2）：169～175

蔡运龙 . 2001. 土地利用／土地覆被变化研究：寻求新的综合途径 . 地理研究，20（6）：645～652

蔡运龙，李军 . 2003. 土地利用可持续性的度量——一种显示过程的综合方法 . 地理学报，58（2）：305～313

陈百明，张凤荣 . 2001. 中国土地可持续利用指标体系的理论与方法 . 自然资源学报，16（3）：197～203

陈佑启，Verburg P H，徐斌 . 2000. 中国土地利用变化及其影响的空间建模分析 . 地理科学进展，19（2）：

Schild A，Sharma E.2011. Eklabya sustainable mountain development revisited.Mountain Research and Development（Online），（31）：237～241

Semboloni F，Assfalg J，Armeni S，et al. 2004. CityDev，an interactive multi-agents urban model on the web. Computers，Environment And Urban Systems，28：45～64

Syphard A D，Clarke K C，Franklin J. 2005. Using a cellular automation model to forecast the effects of urban growth on habitat pattern in southern California. Ecological Complexity，2（2）：185～203

Turner II B L，Meyer W B，Skole D L，et al.1994.全球土地利用与土地覆被变化：进行综合研究.AMBIO-人类环境杂志，23（1）：91～95

van Dijk M P.2011.Three Ecological Cities，Examples of Different Approaches in Asia and Europe. New York：Springer Nether lands.2011：31～50

White R R.2009.生态城市的规划与建设.上海：同济大学出版社：89～94

第2章 山地城镇土地开发的生态效应和生态适宜性评价研究

2.1 山地城镇土地开发生态效应的理论研究

2.1.1 山地城镇及其特征

山地城镇是指城市主要分布在山地区域的城镇，形成与平原地区迥然不同的城镇形态与生境。山地城镇的特征主要表现在城镇空间结构自由多变、地形地貌复杂多样、垂直梯度变化纷繁、生态环境脆弱敏感等。这些特点在山地城镇的建设和发展中起着重要作用。

基于对山地概念的认识和对山地城镇规划建设的经验积累，黄光宇（2002）首先提出了山地城镇的概念，认为山地人居环境具有许多区别于平原城镇的重要特征，如海拔高度、垂直梯度变化、城镇周围地形变化、生态环境异同等，这些特征都会给城镇建设和发展带来重要的影响。因此，山地城镇是建立在广义的山地概念基础之上的。黄光宇（2002）对山地城镇的自然特征进行了以下概括："一种情况是城镇选址和建筑直接修建在坡度 50° 以上的起伏不平的坡地上，无论其所处的海拔如何，如重庆、青岛、香港、攀枝花等；另一种情况是城镇选址和建筑虽然修建在平坦的用地上，但由于其周围有复杂的地貌和环境条件，从而对城镇的布局结构、交通组织、气候环境及其发展方向产生重要影响，也应视为山地城镇，如昆明、杭州、贵阳、南京等。"随后的其他研究多沿用这一概念的两个内涵进行表述，其一，山地城镇是指城镇选址并修建于山坡和丘陵的复杂地形之上，城镇各项使用功能是在起伏不平的地形上来组织和形成的，构成与平原城镇不同的城镇空间形态和城镇环境特征；其二，虽然城镇建筑是建在平坦的基础上，但整个城镇因周边山水地形条件的存在而对城镇的形态和特征产生重大影响，也列入山地城镇范围。

虽然有些学者在山地城镇用地坡度的定量（赵万民，1996）界定有所不同，但都确认了山地城镇的概念的最重要的两个方面的内容，其一是城镇建设用地多由起伏的三维空间构成；其二是用地平坦，但城镇的功能布局、整体结构形态受到周边山丘复杂地形的长期限制与影响。这两点准确地阐述了山地城镇独特的地形条件和结构特征。陈玮（2001）从人居环境的角度提出山地城镇需同时满足以下三点：①地理区位。城镇多坐落于大型的山区内部，或山区和平原的交错带上；②社会文化。城镇经济、生态、社会文化在发展过程中与山地地域环境形成了不可分割的有机整体；③空间特征。影响城镇建设与发展的地形条件，具有长期无法克服的复杂的山地垂直地貌特征，由此形成了独特的分台聚居和垂直分异的人居空间环境。总体上，山地城镇最为核心的空间属性是城镇承载体的三维性，即包含城镇主要功能的建成区水平投影面主体（50%以上）坐落在坡度大于5°三维的土地上（城镇承载体），或者城镇周边山地限制体的长期存在性，即坐落在用地平坦的土地上，但城镇主体建成区（50%以上）的功能布局、结构形态受到周边山地复杂地形的长期限制与影响（吴勇，2012）。

山地城镇建设主要针对山地特殊的自然环境与人文环境，在充分识别山地城镇环境特征的基础上，建设适应山地地形、气候、山地景观与山地文明的生态化、和谐发展的人居环境。山地城镇依山就势，借助自然环境、景观特色，建设与自然面貌有机结合的城镇环境，构筑立体式山地城镇截面，形成独特的城镇风貌。一方面，得天独厚的山水条件使山地城镇空间形态的发展具有与自然生态相融合的趋势，为构建典型山水城镇的结构形态提供了有利条件；另一方面，必须科学、高效地利用有限的山地城镇空间，使山地城镇空间结构与三维地形密切结合，实现山地城镇空间的集约化利用。

从山地城镇的基本要素特征看，黄光宇和陈勇（1997）界定了山地城镇的三维元素，这些元素揭示山地城镇的基本构成要素及其建设、发展和规划的影响因素，也是进行山地城镇土地利用立体开发的主要对象和内容，为山地城镇土地利用立体规划提供了一个新的思路和方法，具体包括以下内容。

（1）自然界定元素："山地城镇中每一层级的空间都有其三维界定元素，而初始状态的、最重要的往往是自然生态要素，它们赋予空间认知特色，并成为城镇赖以生存和对外进行物质、能量、信息交换的媒介"。自然界定元素包括河流、水面、山体、冲沟、湿地等。

（2）人工界定元素：为满足不同的功能要求，建筑群、堡坎、道路、广场、梯道、桥梁、绿化等界定出形态各异的三维空间，这些人工元素正在我们的山地城镇中崛起，并大有取代自然生态元素之势，扮演着城市空间界定的重要角色。人工界定元素只有充分尊重自然界定元素，二者才能相辅相成，相得益彰。

（3）三维集约生态界定："山地城镇中，由具有良性生态效能的自然生态敏感区，经过人工绿化整治后消除破坏隐患且具备生态防护效用的灾害性生态敏感区，以及人工绿化区三者有机整合而成，并在界定城镇建设用地过程中表现出明显的集约生态效能的立体绿化生态系统的总和，称为山地城镇中的'三维集约生态界定'"。三维集约生态界定不是简单地等同于自然界与客观上既成事实的人工界定之和，它是建立在尊重自然与发挥人的主观能动性的基础上的理性界定，是自然界定元素、人工界定元素的有机结合，达到界定元素的优化组合。保护与山地城镇建设区唇齿相依的河流、林地、山脊、陡坡、冲沟等各类自然生态界定敏感区；结合自然生态敏感保护区，建立连续的生态廊道；城镇建设尽可能占边留顶，建设不对分水岭与自然山体轮廓线造成破坏；以人工绿化区弥补自然敏感绿化区水平与竖向机构缺陷，构建山地城镇有机的三维绿地系统，发挥立体集约界定的整体生态效益；在界定区广泛种植地方优势树种，使自然界定元素与人工界定元素优势互补，在集约组合中增大整体生态阈值与生态功效；建立城镇边缘生态界定区，有效阻止城镇盲目扩张；同时，结合城镇周边生态界定区的特定生态环境，进行不损失生态环境的土地利用生态开发。

山地城镇土地开发应该针对山地特点，研究耦合改进土地利用格局优化模型与生态过程模型，遴选山地开发生态效应关键表征指标，模拟验证典型山地开发案例区山地开发的生态效应。厘清土地利用格局、山地立体景观格局两层格局与生态功能的关系，研究国内外山地土地立体规划与开发建设实践经验，厘清立地条件、地质环境、生态要素与土地利用规划的相互作用和耦合关系，构建基于生态优先的山地城镇土地立体规划指标体系和方法，形成山地城镇土地利用立体规划理论、模式、规划方法和技术参数。

2.1.2　山地城镇土地开发的生态效应指标

1909 年生物学家 Patrick Geddes 在 *Cities in Evolution* 中最先提出了"综合规划"的理论，他认为在城市规划中需要客观地对区域内环境所能承载的限度和所能开发的潜力进行周密的分析，以此为基础来评估生态环境对城镇布局的影响程度，他重点强调了自然对城镇布局的影响。土地生态敏感度评价源于 20 世纪 60 年代，随着生态环境问题不断加剧，生态环境保护引起了人们的强烈关注，Mumford，Steiner 等学者提出的生态敏感度强弱在对土地资源的优化配置中占据主导地位，其主要途径是基于对土地资源的敏感度和可行性进行系统分析，按照"适地适用"的原则对不同的土地利用类型进行优化配置。美国宾夕法尼亚大学麦克哈格教授提出土地敏感性评价对于引导人们在特定安全的生态环境下进行开发建设有很好的作用，对土地利用合理布局和当地可持续发展有很大贡献。20 世纪 70 年代，国外学者将生态学原理应用到生态敏感性评价中，通过对多重生态因子进行叠加分析，评价出较优的土地利用方式，从而对城镇用地进行优化布局。

从 20 世纪 80 年代开始至今，我国的生态城市规划研究大致可以分为 3 个阶段：80 年代的生态认识阶段，90 年代的生态觉醒阶段，现在的生态自觉阶段。阎水玉认为，生态城市是城市与自然资源和环境之间相互作用的规律。孙铁珩和王道涵（2005）认为，在生态城市规划中要构筑可持续发展的生态度量体系，从而使城市生态规划设计建立在理性的分析上，以此达到生态城市可持续发展的目标。

我国对于山地城镇规划的研究始于 20 世纪 80 年代，以黄光宇为代表的山地城镇研究开始发展起来，黄光宇主要对山地城镇人民的居住环境问题和山地城市学进行了一系列研究，为后续的山地城镇生态研究奠定了一定基础。刘卫东和严伟（2007）教授对山地土地利用进行了适宜性评价，并提出了一些如何更好地利用山地土地资源的建议。冯维波等（2010）认为，山地城镇用地开发是社会、经济、自然之间的一个复合立体生态系统。丁锡祉和郑远昌（1996）对山地生态环境和生态问题进行了探讨，将生态问题和山地经济、人口和产业布局联系到一起进行了研究。吴良镛（1997）对山水城市进行了分析，认为山水城市就是自然与人工环境的有机结合。 余大富（1996）结合现有的山地城镇的生态问题对山地城镇设计中的生态美学进行分析，认为在山地城镇规划设计中可以结合一定的美学思想进行规划。

我国学者在学习了西方关于山地城镇建设用地选择与布局方面方法的基础上，较多地应用生态敏感性评价与土地利用结构优化两种方法对山地城镇建设用地选择与布局进行了分析。随着我国各地区经济的发展，生态问题引起了人们的强烈关注，在生态区划分的基础上，许多学者发现生态敏感度对于地区生态稳定有很大影响。欧阳志云等（2000）对中国各地进行了生态敏感评价研究，发现各地区的生态敏感性是有差异的，并对水土流失敏感性做了分析。汤小华和王春菊（2006）在生态敏感性评价的基础上进行了生态功能分区的研究。万忠成等（2006）结合现有的生态问题对多种不同的生态问题进行了综合的敏感性评价。俞孔坚等（2005）提出了"反规划"理论，点出生态环境对于城镇建设的重要性。曲福田等（2001）认为土地资源结构变化与自然环境、社会经济有着必然联系，在城镇建设中需要将生态、社会经济一起考虑，不能片面地只考虑一方面的因素。高华中等（2003）通过结合景观学等学科，应用各类数学模型对土地利用结构进行了分析。结合以上两种方法将 GIS 技术运用到山地城镇规划中的也很普遍。黄杏元等（1993）在 GIS 技术的支持下对适宜果木生长的土地资源进行了评价。贾冰（2008）应用 GIS 技术选取了各项生态指标对晋城市做了生态环境敏感性评价研究。结合以上学者的研究，在山地城镇建设用地选择与布局中需要注重生态，以生态优先原则进行山地开发。

在传统的土地使用方式下，具有特殊生态资源价值的区域往往被城市扩展的建设所忽视，许多区域性环境问题是由人类在较脆弱的地区进行不适当的过度开发使用土地所导致的。对于环境敏感度高的区域，尤其是生态环境多样性的山地区域，在进行城镇规划建设时一定要结合当地生态环境，并对其进行生态敏感度评价，从而得到一个区域生态安全的范围，再以此为基础进行山地城镇建设用地规划。在山地开发建设中常用到的方法为建设用地适宜性评价，但是这种评价较多地站在地质层面上进行评价，得到的结果并不能完整反映整个区域的生态状况。

本书采用生态敏感度对山地城镇可开发利用土地进行评价。生态敏感度是指在不损失或不降低环境质量的情况下，各类生态因子对外界压力或外界干扰的适应能力。它能衡量生态系统对各种环境变异和人类活动干扰的敏感程度，是评价生态系统稳定性的重要指标之一。进行生态敏感性评价，可以对山地城镇开发建设区域自然环境背景下潜在的生态环境问题进行明确辨识，并将其落实到具体的空间区域，深入分析和评价区域生态敏感度，了解其空间分布状况，为建设用地选择与布局提供科学依据。

我们通过系统理论研究和对云南省 63 个山地城镇建设开发项目区的实地调查进行研究，归纳总结出山地城镇土地开发的生态敏感度适建性指标如下。

1. 高程

高程是某点沿着铅垂线方向到绝对基面的距离，也可以理解为海拔。高程不仅对植物和生物分布存在影响，对土地开发利用及用地布局同样存在较大影响。山地城镇一般需要在不同阶地上进行建设，形成独特的错落的山地阶梯景观，海拔越高，开发难度越大。高程是山地城镇生态敏感性评价中必须考虑的因素之一，它影响着山地建设用地开发的程度和范围。

2. 坡度

坡度是地表单元陡缓的程度，即水平面与坡面的夹角，是反映地形状态的一个重要因素。坡度对于建设用地开发难度、成本高低及用地布局等有直接影响，是土地资源开发的重要限制性因素。坡度常用的表示方式为百分比法和度数法。对于山地城镇，其土地资源坡度越小，越适宜建设开发。坡度陡缓直接影响土壤侵蚀和山地资源的利用，按照《城乡建设用地竖向规划规范（CJJ 83-2016）》按坡度等级将区域划分为四等，即 8° 以下为生态敏感度低的区域；8°～15° 为生态敏感度一般的区域；15°～25° 为生态敏感度中等的区域；25° 以上为生态敏感度高的区域，25° 以上坡度的山地禁止建设开发。

可以按照下述方式进行坡度划分标准的量化赋值：

$$f(坡度) = \begin{cases} (25-x)/25 & 0 \leqslant x \leqslant 25 \\ 0 & x > 25 \end{cases} \tag{2.1}$$

3. 坡向

坡向是坡面法线在水平面上投影的方向，即以坡度为斜面的倾角的正切值。坡向对山地生态有较大作用，而山地的方位对于日照时数和太阳辐射强度均有直接影响。坡向对光照、降水和温度等都有影响，这些因素的综合作用对植物生长具有重要影响；而且，由于建筑物采光等方面的要求，坡向对山地城镇建设用地布局、建筑物间隔等也有较大的影响。另外，有些工业产品生产和储存对温度和光照有一定的要求，安排在合理的坡向能够降低生产成本。就太阳辐射来讲，在北半球辐射收入最多的是南坡，其次为东南坡和西南坡，再次为东坡与西坡及东北坡和西北坡，最少的为北坡。因此，可以用 reclassify 工具按坡向将区域分为四等：-1 东南（112.5～157.5）、-1 南（157.5～202.5）、-1 西南（202.5～247.5）为生态敏感度低的区域；-1 东（67.5～112.5）、-1 西（247.5～292.5）为生态敏感度一般的区域；-1 东北（22.5～67.5）、-1 西北（292.5～337.5）为生态敏感度中等的区域；-1 北（22.5～67.5）、-1 北（337.5～360）为生态敏感度高的区域。

4. 地质灾害

地质灾害是限制山地城镇土地开发建设的主要限制性因素。山地地质灾害主要包括滑坡、崩塌、泥石流等，这些灾害直接威胁山地城镇建设安全，是必须避免和防治的生态因子。山地区域地质灾害发生频率明显高于平原地区，在地质灾害多发区进行建设，对于建筑物抗灾要求和建筑费用要求更高，其所面临的风险更大，对建筑物及人们的生命安全都有巨大的危害。根据国家相关技术规程，可以将地质灾害风险分为四类：高易发区、中易发区、低易发区和非易发区，进行山地城镇建设开发，首先应该选择地质灾害非易发区，在低易发区建设必须安排地质灾害防范措施。因此，我们可以根据山地区域内地质灾害易发生程度将区域分为 4 个等级：无地质灾害的设为生态敏感度低的区域；地质灾害低易发区域为生态敏感度一般的区域；地质灾害中易发区域为生态敏感度中等的区域；地质灾害高易发区域，其生态敏感度高，严禁进行山地城镇建设开发。

5. 水土流失

水土流失也称为"水土损失"，是指在风力、水力等自然营力及人类活动的综合作用下，土地生产能力和水土资源遭到破坏和损失，包括土地表层侵蚀及水的损失。我国是世界上水土流失最严重的国家之一，与其特殊的地形特征有重要关系。尤其是西南山地区域，雨水充沛，是水土流失多发区域。水土流失不仅会影响农业生产，造成生态环境恶化，对山地城镇开发建设也是重要的限制性因素。相对于平地开发而言，在山地城镇开发建设中，需要进行大量挖方和填方工作，对原有山地生态系统和水土保持平衡造成破坏，容易造成水土流失。我们可以根据山地生态系统水土流失易发程度，将区域分为 4 个等级：无水土流失区为生态敏感度低的区域；水土流失程度一般区为生态敏感度一般的区域；水土流失程度中等的区域为生态敏感度中等的区域；水土流失程度严重的区域，其生态敏感度高，严禁进行山地城镇建设开发。

6. 植被覆盖度

植被覆盖度是生态环境质量的重要衡量因素。生态环境对人类社会可持续发展有重要影响，归一化植被指数（NDVI）从一定程度上反映了当前土地利用方式是否合理高效。山地城镇土地开发建设应该尽量避免破坏植被覆盖度高的区域，尽量保留绿水青山，将植被覆盖度较低的区域作为山地城镇土地建设开发的重点区域。因此，可以根据 NDVI，将区域分为 4 个等级：0 ～ 2.3 为生态敏感度低的区域；2.3 ～ 3.7 为生态敏感度一般的区域；3.7 ～ 51 为生态敏感度中等的区域；51 ～ 99 为生态敏感度高的区域。

7. 土地利用类型

土地利用类型是指具有同一土地利用方式的土地资源单元，是以土地利用地域差异进行划分的，反映土地用途、性质及其分布规律的基本地域单位。土地利用类型是人类活动作用的结果，集中反映了人类活动对生态环境的干扰程度，不同的土地利用类型对生态环境的影响不同，对建设用地的开发适宜性也存在差别。在进行山地城镇开发建设时，应该考虑到建设开发区土地利用的特点，根据评价单元的土地利用特征及利用方式来确定建设适宜性。一般情况下，优先考虑对已经为建设用地的区域进行开发，尽量保护耕地、林地，这是因为建设用地这种土地利用方式的转变相对困难，要转换为别的用地类型需要一段长期的过程，且成本费用高，一般认为是不可逆的。根据《土地利用现状分类》（GB/T 21010—2017）的规定，在土地利用中基本农田不可以建设，河流湖泊需要加强保护。所以，可以按土地利用类型将区域划分为 4 个等级，建设用地划为生态敏感度低的区域；园地、其他用地类型划为生态敏感度一般的区域；林地、草地为生态敏感度中等的区域；水域、耕地为生态敏感度高的区域。

8. 生物丰度指数

生物丰度指数是衡量生态环境质量的重要指数之一，它表征了不同生态系统类型单位面积上生物物种数量的差异，通常被用来反映区域生物的丰贫程度。不同土地利用类型上，生物物种数量有较大的差异。因此，一般情况下应用各种土地利用类型面积占总面积的比重加权求和取得。参考刘建红等（2007）、南颖（2010）的研究，生物丰度的计算公式为：生物丰度 =（0.35× 林地 +0.21× 草地 +0.28× 水域 +0.11× 耕地 +0.04× 建设用地 +0.01× 未利用地）/ 区域面积。本书认为生物丰度指数的大小能在一定程度上反映区域土地生态安全状况，即生物丰度指数越大，区域生物物种数量越多，越有利于土地生态安全；生物丰度指数越小，说明区域生物物种数量越少，越不利于区域土地生态安全。笔者将生物丰度指数分为 4 个等级：0 ～ 1.7 为生态敏感度低的区域；1.7 ～ 3.7 为生态敏感度一般的区域；3.7 ～ 10.9 为生态敏感度中等的区域；10.9 ～ 99 为生态敏感度高的区域。

9. 交通通达度

交通通达度指山地城镇开发区到四周交通干线的数量。交通通达度对山地城镇建设适宜性具有十分重要的作用，交通越便捷，其建设适宜性越高。本书主要考虑山地城镇开发区域与主要道路的距离来表示交通通达度，通过综合计算与主要交通运输节点（港口、机场、车站）的距离、区域内公路的长度和等级等因素确定。根据与市域内主要交通干线的距离，将区域分为 4 个等级：距离≤ 1000m 为生态敏感度低的区域；1000 ～ 2000m 为生态敏感度一般的区域；2000 ～ 3000m 为生态敏感度中等的区域；≥ 3000m 为生态敏感度高的区域。

10. 断裂带距离

断裂带也称"断层带"，由主断层面及其两侧破碎岩块，以及若干次级断层或破裂面组成的地带。断层带的宽度和带内岩石的破碎程度，取决于断层的规模、活动历史、活动方式和力学性质，从几米至几百米甚至上千米不等。根据《建筑抗震设计规范》（GB 50011—2010），断裂带的分布与地震分布有紧密的联系，地震的发生经常会造成建筑物的损坏、严重的人员伤亡及经济损失，还可能造成滑坡、崩塌等次生灾害。因此，在进行建设开发时，应尽可能避开断裂带分布区域。我们按断裂带距离将区域分为 4 个等级：距离 ≥ 3000 m 为生态敏感度低的区域；3000 ～ 2000 m 为生态敏感度一般的区域；2000 ～ 1000 m 为生态敏感度中等的区域；1000 ～ 500 m 为生态敏感度高的区域，原则上不进行山地城镇建设开发。

11. 地基承载力

地基承载力是指地基承担荷载的能力，是综合了地质构造（地层、地层倾斜度、地层走向、地层走向与坡度耦合）、岩石（岩石种类、厚度、风化程度）、土壤（类型、厚度、含水量）等多方面要素的承载能力。其中，岩土种类对建设用地选择有重要的影响，岩体构造、组合及其力学性质对地基承载力起到了关键作用，岩土种类及土质越坚硬，则其土地承载力越大，其适宜建设性越高。根据《岩土工程勘察规范》（GB 50021—2001）《工程岩体分级标准》（GB/T 50218—2014），可以将岩土种类划分为四类，包括坚硬土或岩石、中硬土、中软土和软土，并以此为基础，按地基承载力将区域分为 4 个等级：承载力 ≥ 250kPa 为生态敏感度低的区域；250 ～ 180kPa 为生态敏感度一般的区域；180 ～ 100kPa 为生态敏感度中等的区域；≤ 100kPa 为生态敏感度高的区域，原则上不宜进行山地城镇建设开发。

12. 水网密度

水源状况是山地城镇建设的重要生态指标，我们用被评价区域内的河流总长度、水域面积和水资源量占被评价区域面积的比重，反映被评价区域水资源的丰富程度。将其分为 4 个等级。根据中华人民共和国环境保护行业标准《生态环境状况评价技术规范》《HJ/T192 — 2006》中规定的方法，按水网密度将区域分为 4 个等级：0 为生态敏感度低的区域；4.28 ～ 15.6 为生态敏感度一般的区域；15.6 ～ 96.1 为生态敏感度中等的区域；96.1 为生态敏感度高的区域，特别需要重视山地城镇建设开发对区域水资源的负面影响。

2.2　基于山地城镇建设开发区的生态适宜性评价研究

山地城镇建设开发区是指进行山地城镇建设开发的山地区域，面积一般在 20 ～ 50 km²，以低丘缓坡山地地形为主。本书以典型样本区——大理市海东低丘缓坡山地城镇开发区为例，应用前述的评价指标和方法，对海东山地城镇开发区的生态敏感度及建设适宜性进行实证评价研究，验证前述方法的可行性。

2.2.1 研究区特点

　　大理市海东山地城镇建设开发区是云南省利用低丘缓坡山地资源最大的山地城镇建设开发区，位于大理市洱海东岸。区域内无基本农田，稀疏次生林、未利用草地和少部分旱地是区域内主要土地利用类型（图 2.1）。

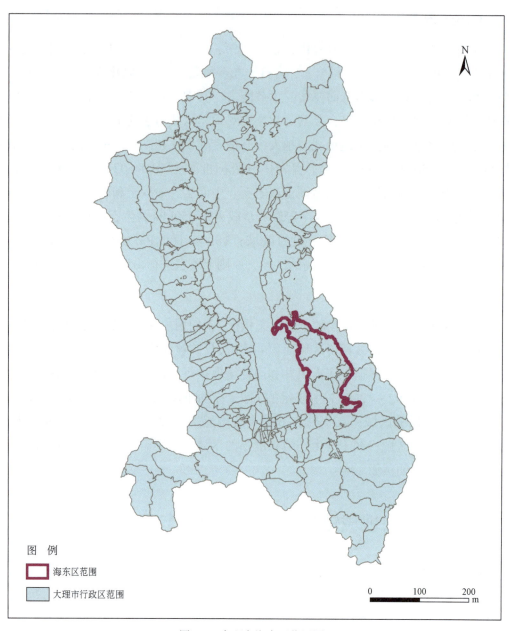

图 2.1　大理市海东区位置图

本书采用的数据为大理市遥感影像图、大理市土地现状第二次调查数据、大理市 1：10000 土地利用现状图、大理市地形图等，以及大理市各类规划图。

本书通过对海东区进行实地调研，选取上述 12 项生态敏感度指标，通过使用专家打分法和层次分析法得出各项指标的权重值，利用 ArcGIS9.3 软件建立海东区生态敏感性评价数据库，在对每项指标进行分析的基础上加权叠加，得到海东区生态敏感性评价图。

2.2.2　生态敏感性评价原则

1. 客观性原则

客观性原则是指在选取指标中，指标的数据来源需要真实可靠，有规程、规范、标准的要严格按照规程规范处理数据，计算指标过程要清晰准确。

2. 系统性原则

生态敏感性评价是以生态学等相关学科为依据进行指标选取。在选取敏感性评价指标时，需要对与生态有关联的学科进行系统学习，生态环境体系是一个复杂的体系，各生态环境要素不是独立存在的，有些因素可以互相叠加、相互交叉。因此，指标体系应尽可能全面、系统地反映生态敏感性状况，符合生态敏感性评价的目标内涵，具有代表性和典型性。评价区域和评价的各项指标因子要充分结合到一起，成为一个有机整体。

3. 生态优先原则

低丘缓坡山地是一个复杂的生态系统，在景观生态规划中，为了使规划能够充分地与研究区相适应，最大限度地保护生态环境，就必须在土地生态适宜性评价过程中以"生态"为中心，从生态学的角度出发，考虑低丘缓坡山地资源的地形地貌、水土流失、地质灾害等问题，将评价目的立足于整个山地生态系统，用综合的、系统的观点衡量低丘缓坡山地资源进行山地城镇建设开发对整个生态环境的稳定性、脆弱性造成的影响，侧重于脆弱生态环境的保护，再考虑研究区的区位、社会条件和经济服务功能，必须对有重要生态价值的区域和生态脆弱区域进行严格控制，甚至禁止一切开发建设活动。

4. 主导性原则

在影响生态敏感性的所有因素中，有些因素是主导因素，对生态敏感评价起着主要作用；有些因素是非主要因素，对生态敏感性评价的影响不是很大。指标体系的建立必须有典型性，选择对生态环境系统起重要作用的指标，剔除起次要作用的指标，以保证指标的可操作性和可实现性。

5. 科学性原则

科学性是我们进行一切分析评价工作时必须遵守的原则。被选取的指标因子应具有一定的科学内涵，定义准确，能够明确地度量和反映情况。本书在建立生态敏感性评价指标体系的过程中，无论是在构建指标体系的框架、选取指标因子，还是制定指标的标准值等方面，都必须以科学的理论为前提。

6. 区域性原则

不同区域的地形条件、生态环境状况和土地的生态影响因子不同。因此，在评价指标的筛选过程中，要充分考虑到研究区的实际情况，实地考察掌握研究区自然因素和经济社会等条件的特性与规律，因地制宜，建立一套与研究区情况相符的生态系统评价指标体系。

7. 综合分析原则

在进行研究区生态适宜性指标选择时，要考虑到研究区地形、地貌、生物、水文等多种自然因素，同时也要考虑到经济、社会、区位条件和国家政策对研究区生态适宜性的影响，并进行综合分析。不过，这些不同的指标对于生态环境的影响程度是不同的，在选择指标的时候还要遵循主导因素原则，选择对研究区生态适宜性起稳定性、决定性作用的因子进行重点的研究和评价。所以，山地城镇土地开发生态适宜性评价要将综合分析原则和主导因素原则相结合，使评价结果更加准确和合理。

通过对海东区进行实地调研发现，海东区是大理市低丘缓坡资源较好的区域，区域内生态环境多样，地形复杂，地貌主要有高原丘陵、盆地等类型，地形总体呈现出西北高、东南低的特点，海拔在 1980 ～ 2440 m，靠近洱海，区域内的河流湖泊多以洱海为吐纳中心，处于高原亚热带季风区，受西南季风和西风南支交替的影响，年温差小，干湿季分明，日照条件较好。海东区受水力侵蚀、不稳定斜坡冲沟冲蚀、风力、建设开发、降水等因素的影响，有水土流失问题，受断裂层、土壤侵蚀等的影响，此区域易出现地质灾害问题。植被类型主要以云南松为主，间杂旱冬瓜与车桑子的乔灌混交林、桉树间杂荆棘等小灌木的乔灌混交林、草本间杂稀疏果树与小灌木的稀树草坡、稀疏草本间杂稀疏小灌木的荒坡、农作物间杂草本与稀疏小灌木的坡耕地等，林地面积较大，植被覆盖率较高。海东区域内无重要、不可压覆的矿产资源分布，无国家保护濒危物种。本书评价是站在大生态的角度对海东区在生态敏感度下的宜建设区域进行综合评价分析。结合以上实地调查情况选取能够清晰反映出海东区生态敏感程度的 12 项评价因子，分别是高程、坡度、坡向、地质灾害、水土流失、植被覆盖度、土地利用类型、生物丰度指数、交通通达度、断裂带距离、地基承载力、水网密度，见表 2.1。

表 2.1　山地城镇土地开发的生态敏感度适建性指标分等标准

指标	评价标准	分值	生态敏感度
高程	1980～2095m	1	低
	2095～2210m	2	一般
	2210～2325m	3	中等
	2325～2440m	4	高
坡度	8°以下	1	低
	8°～15°	2	一般
	15°～25°	3	中等
	25°以上	4	高
坡向	-1 东南（112.5～157.5） -1 南（157.5～202.5） -1 西南（202.5～247.5）	1	低
	-1 东（67.5～112.5） -1 西（247.5～292.5）	2	一般
	-1 东北（22.5～67.5） -1 西北（292.5～337.5）	3	中等
	-1 北（22.5～67.5） -1 北（337.5～360）	4	高
地质灾害	无	1	低
	低易发区	2	一般
	中易发区	3	中等
水土流失	无	1	低
	一般	2	一般
	中等	3	中等
植被覆盖度	0～2.3	1	低
	2.3～3.7	2	一般
	3.7～51	3	中等
	51～99	4	高

指标	评价标准	分值	生态敏感度
土地利用类型	建设用地	1	低
	其他用地	2	一般
	园地、林地、其他农用地	3	中等
	耕地、牧草地	4	高
生物丰度指数	0～1.7	1	低
	1.7～3.7	2	一般
	3.7～10.9	3	中等
	10.9～99	4	高
交通通达度	≤1000m	1	低
	1000～2000m	2	一般
	2000～3000m	3	中等
	≥3000m	4	高
断裂带距离	≥3000m	1	低
	3000～2000m	2	一般
	2000～1000m	3	中等
	1000～500m	4	高
地基承载力	≥250kPa	1	低
	250～180kPa	2	一般
	180～100kPa	3	中等
	≤100kPa	4	高
水网密度	0	1	低
	4.28～15.6	2	一般
	15.6～96.1	3	中等
	96.1	4	高

2.2.3　各生态敏感度指标权重的确定

生态敏感性评价根据不同的研究区域和不同的研究目的，在确定各评价因子权重时也是有区别的，根据评价因子的重要程度来衡量其权重值，常用的确定权重的方法有层次分析法、德尔菲法、熵值法、主成分分析法等，本书采用专家打分法和层次分析法两种方法相结合来确定权重值（表2.2）。

表 2.2　指标权重

指标	指标权重
高程	0.1
坡度	0.1
坡向	0.05
地质灾害	0.1
水土流失	0.125
植被覆盖度	0.125
土地利用类型	0.1
生物丰度指数	0.1
交通通达度	0.025
断裂带距离	0.05
地基承载力	0.025
水网密度	0.1

用一致性检验得到 CR=0.066<0.1，通过检验。

2.2.4　各单项生态敏感度指标测算

1. 高程

应用 ArcGIS9.3 得到评价单元为 50m×50m 的海东区评价栅格图，并对其进行重分类得到海东区高程评价图，由评价图可以看出，海拔越高，敏感度越大，高程在 2325～2440m 的区域处于高敏感区域，不宜对其进行开发（图 2.2）。

2. 坡度

应用 ArcGIS9.3 得到评价单元为 50m×50m 的海东区评价栅格图，并对其进行重分类得到海东区坡度评价图，由评价图可以看出，坡度越大，敏感度越高，坡度在 25° 以上的区域处于高敏感区域，不宜对其进行开发（图 2.3）。

3. 坡向

应用 ArcGIS9.3 得到评价单元为 50m×50m 的海东区评价栅格图，并对其进行重分类得到海东区坡向评价图，由评价图可以看出，海东区多数处于南坡，日照条件较好（图 2.4）。

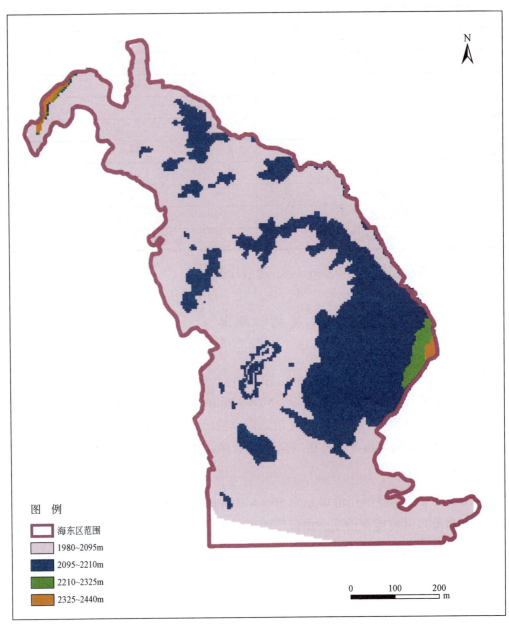

图 2.2　海东区高程评价图

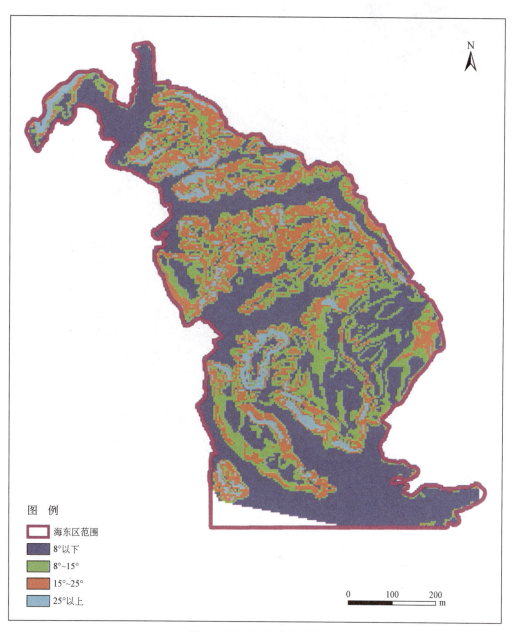

图 2.3　海东区坡度评价图

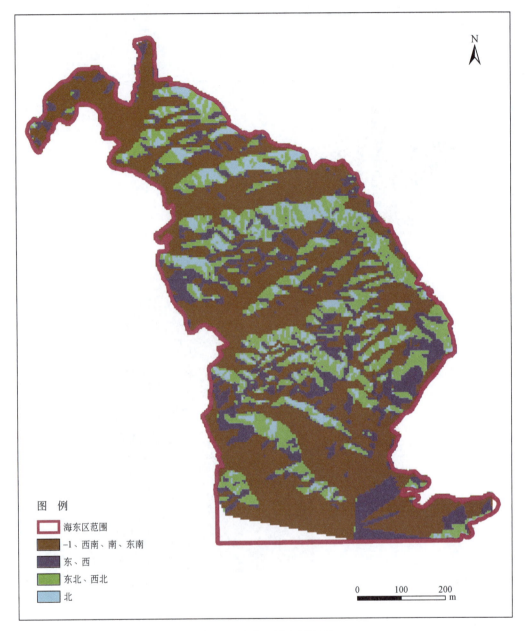

图 2.4 海东区坡向评价图

4. 地质灾害

应用 ArcGIS9.3 得到评价单元为 50m × 50m 的海东区评价栅格图，并对其进行重分类得到海东区地质灾害评价图，由评价图可以看出，海东区处于中等易发区域内，地质灾害发生率不是最高的（图 2.5）。

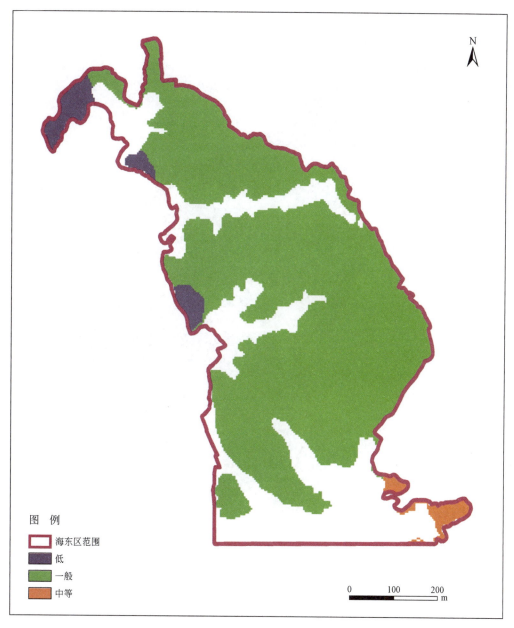

图 2.5　海东区地质灾害评价图

5. 水土流失

应用 ArcGIS9.3 得到评价单元为 50m×50m 的海东区评价栅格图，并对其进行重分类得到海东区水土流失评价图，由评价图可以看出，海东区水土流失情况并不严重（图 2.6）。

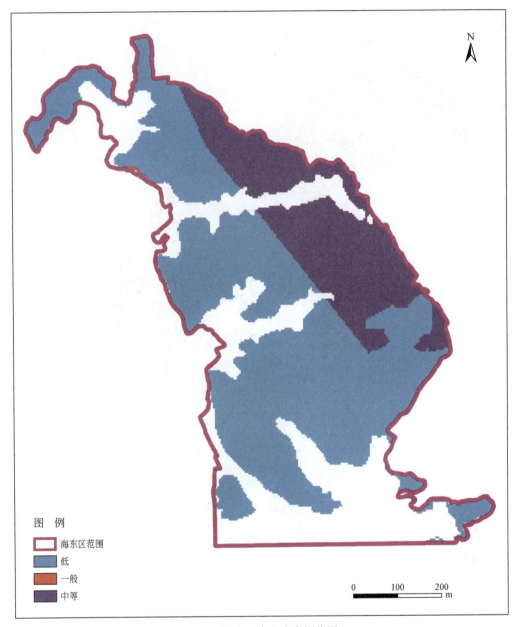

图 2.6　海东区水土流失评价图

6. 植被覆盖率

应用 ArcGIS9.3 得到评价单元为 50m×50m 的海东区评价栅格图，并对其进行重分类得到海东区植被覆盖率评价图，由评价图可以看出，海东区植被覆盖率在 0～2.3 的为低敏感区（图 2.7）。

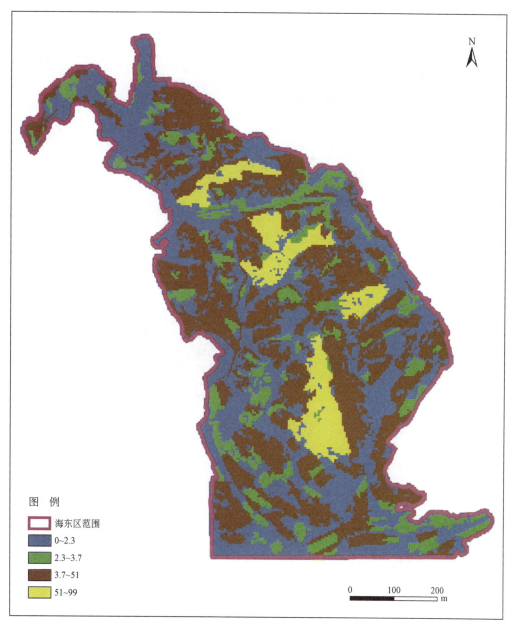

图 2.7　海东区植被覆盖率评价图

7. 土地利用类型

应用 ArcGIS9.3 得到评价单元为 50m × 50m 的海东区评价栅格图，并对其进行重分类得到海东区土地利用类型评价图，由评价图可以看出，海东区土地类型以耕地和林地为主（图 2.8）。

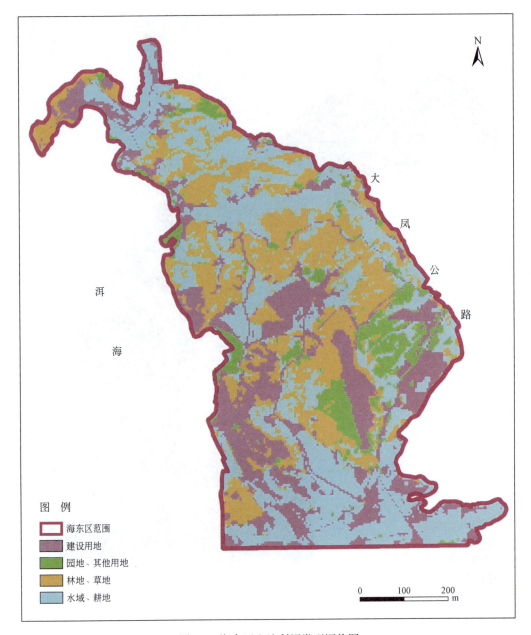

图 2.8　海东区土地利用类型评价图

8. 生物丰度指数

应用 ArcGIS9.3 得到评价单元为 50m×50m 的海东区评价栅格图，并对其进行重分类得到海东区生物丰度指数评价图，由评价图可以看出，海东区大部分区域处于敏感度低的区域（图 2.9）。

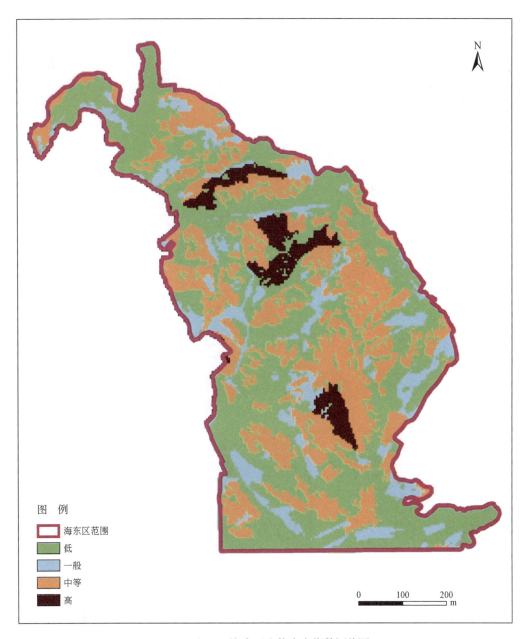

图 2.9　海东区生物丰度指数评价图

9. 水网密度

应用 ArcGIS9.3 得到评价单元为 50m×50m 的海东区评价栅格图，并对其进行重分类得到海东区水网密度评价图（图 2.10）。

地基承载力、交通通达度等因素分析与上面几种类似，不一一列举。

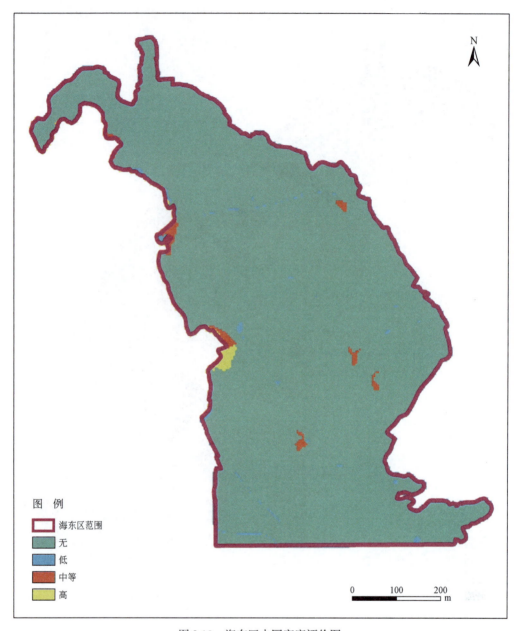

图 2.10 海东区水网密度评价图

2.2.5 生态敏感度综合评价

对单因子进行加权叠加，计算公式如下：

$$p = \sum_{i=1}^{m} (A_i \times W_i)$$ （2.2）

式中，p 为生态敏感度评价值；A_i 为单因子评价值；W_i 为单因子权重值。

根据以上公式应用 ArcGIS 进行单因子加权叠加，得到生态敏感度综合分值，对结果进行重分类，将海东区分为生态敏感度低区域、生态敏感度一般区域、生态敏感度中等区域、生态敏感度高区域 4 个等级的区域（图 2.11）。

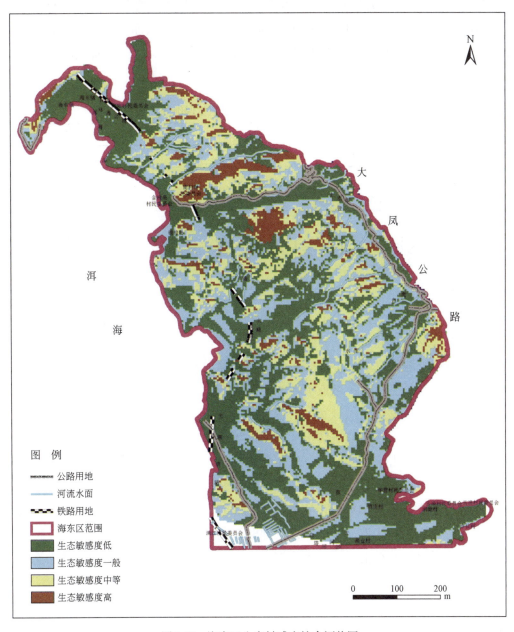

图 2.11　海东区生态敏感度综合评价图

通过对海东区生态敏感度综合评价图进行深入分析，结合实地调研了解到的海东区实际状况和大量参考文献，将海东区生态敏感度低的区域和生态敏感度一般的区域设为山地城镇适宜建设开发区域，将生态敏感度中等的区域设为山地城镇限制建设开发区域，将生态敏感度高的区域设为山地城镇禁止建设开发区域。

通过海东区生态敏感性评价图属性表统计，海东区适宜建设开发区域面积约为 45km^2，占总面积的比重约为 62%；限制建设开发区域面积约为 20km^2，占总面积的比重约为 28%；禁止建设开发区域面积约为 7km^2，占总面积的比重约为 10%（表 2.3）。

表 2.3　海东区生态敏感度适建性评价结果

范围	面积 /km^2
适宜建设开发区域	45
限制建设开发区域	20
禁止建设开发区域	7

2.3　区域山地城镇土地开发的生态安全等级研究

生态安全指自然和半自然生态系统的安全，是生态系统完整性和健康性的整体水平反映。尽管有关生态安全的定义和范围在学术界很难达成一致，不过生态安全的概念已被大家接受和认可，并逐渐重视起来。

山地城镇土地建设开发不仅影响山地城镇建设开发区所在山体的生态系统稳定性，对区域［包括县（市）域或流域］生态系统的稳定性也有显著影响。因此，必须从区域角度，根据山地区域实际，选择关键生态指标，划分各指标的生态红线，在区域空间上综合确定山地城镇土地开发的生态用地布局和生态安全等级。山地城镇建设开发不能侵占基于区域生态安全划定的生态红线和生态用地，山地城镇的建设用地规模和布局应该与适宜建设地块可供应面积和分布相匹配。

根据理论研究，以及对云南省 63 个已批准低丘缓坡山地城镇土地开发项目区进行实地调查，作者认为，山地城镇土地开发的区域生态关键因子是地质灾害、水源涵养、地形地貌、水土保持、生物多样性、洪水淹没等。各生态因子的生态红线划分方法如下。

2.3.1　地质灾害

地质灾害潜在风险分析可以应用综合指数法进行分析计算。综合指数法可以将

不同性质量纲的指标无因次化，转化为标准形式，将转化的实数计算成综合指数。综合指数法的表达式为

$$Z_i = \sum_{j=1}^{n} P_j \times W_j \qquad (2.3)$$

式中，Z_i 为地质灾害综合危险性指数，评价单元 i=1，2，…，n；P_j 为第 j 个评价因子的得分值，评价因子 j=1，2，…，m；W_j 为第 i 个评价单元，第 j 个评价因子的权重。

根据基于气象因素的区域地质灾害潜在风险分析模型，以及大理市地质灾害（滑坡、泥石流）的发生因素等条件，模型因子选定以下几种：相对高差、坡度、植被覆盖率、土壤类型、地形地貌、降水量、地质构造等，利用研究区坡度图、植被覆盖度数据图、DEM 数据、降水量分布图、地质岩层图等进行数据提取和权重赋值，其中权重之和务必为 1，计算地质灾害潜在风险的综合评分。按照上述方法，将大理市划分为地质灾害极高危险区、高度危险区、中度危险区、低度危险区。不能在地质灾害极高危险区进行山地城镇土地建设开发。

大理市地质灾害潜在风险等级和生态红线如图 2.12 所示。

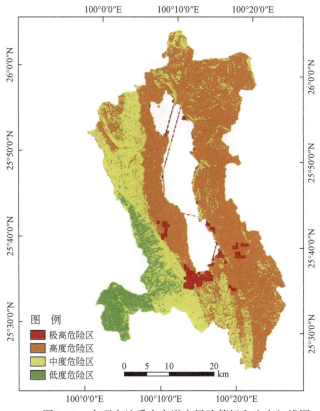

图 2.12　大理市地质灾害潜在风险等级和生态红线图

2.3.2 水源涵养

水源涵养生态风险可以生态系统水源涵养服务能力指数作为评价指标，计算公式为

$$WR=NPP_{mean} \times F_{sic} \times F_{pre} \times (1 - F_{slo}) \quad\quad (2.4)$$

式中，WR 为生态系统水源涵养服务能力指数；NPP_{mean} 为评价区域多年生态系统净初级生产力平均值；F_{slo} 为根据最大最小值法归一化到 0～1 的评价区域坡度栅格图（利用地理信息系统软件，由 DEM 计算得出）；F_{sic} 为土壤渗流能力因子，根据土壤质地类型由黏土到砂土分别在 0～1 均等赋值得到，砂土为 1；F_{pre} 由多年（大于 30 年）平均年降水量数据插值，并归一化到 0～1。

我们通过调查收集大理市地形、土壤、气候等资料，提取上述模型所需要的数据，计算出大理市生态系统水源涵养服务能力指数，将大理市划分为 4 个重要性级别区域，一般重要区、中等重要区、重要区、极其重要区。不能在水源涵养服务能力极其重要区域进行山地城镇土地建设开发。

大理市水源涵养服务能力和生态红线如图 2.13 所示。

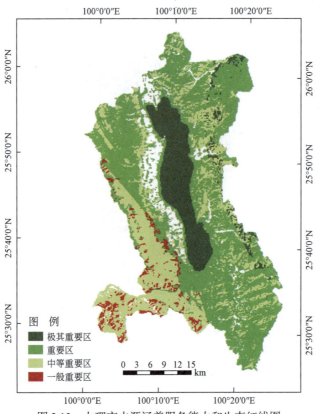

图 2.13 大理市水源涵养服务能力和生态红线图

2.3.3　地形地貌

地形地貌对山地城镇建设开发的生态影响主要表现在坡度上。我们利用研究区 DEM 数据图层提取坡度数据。根据城市规划技术规范，按坡度将大理市分为四类：优化建设区（坡度＜8°，高程＜2500m）、允许建设区（8°≤坡度＜15°，高程＜2500m）、有条件建设区（15°≤坡度＜25°，高程＜2500m）和禁止建设区（坡度≥25°，高程＞2500m）。

大理市地形地貌生态红线计算结果如图 2.14 所示。

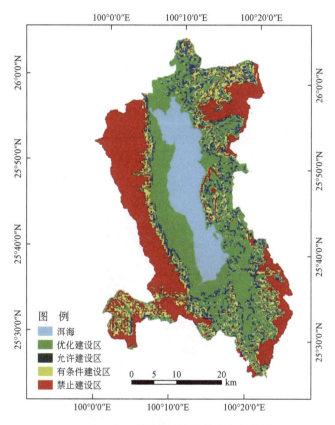

图 2.14　大理市地形地貌生态红线图

2.3.4　水土保持

水土保持生态红线主要划定可能引起严重水土流失的山地区域，不能进行山地城镇建设开发，这类区域即使是农业耕地开发都应受到限制。划定方法用水土流失方程（USLE）进行识别。

通用土壤流失方程是美国学者研究建立的一种经验性模型，立足研究由降雨引起的水动力土壤侵蚀，在美国最初是专门为农田土壤侵蚀预报而创立的，其数学表达式是影响土壤流失的6个变量因子相乘的方程形式：

$$A=R \times K \times LS \times C \times P \tag{2.5}$$

式中，A为单位面积上的水土流失量（t/hm²）；R为降雨侵蚀力因子［MJ·mm/（hm²·h·a）］；K为土壤可蚀性因子［t·hm²·h/（hm²·MJ·mm·a）］；LS为坡长坡度因子；C为地表覆盖因子；P为水土保持措施因子。

降雨侵蚀力因子R：根据现有数据进行输入，如果有降雨侵蚀力因子R数据，直接输入；如果没有降雨侵蚀力因子R数据，则通过各月的降雨数据及年平均降水量数据进行计算获得。

土壤可蚀性因子K：按照要求依次输入土壤黏粒含量、粉粒含量、砂粒含量、有机物含量数据。

坡长坡度因子LS：输入研究区DEM数据，应用ArcGIS计算功能计算获得。

地表覆盖因子C：根据现有数据进行输入，如果没有研究区植被覆盖度数据，

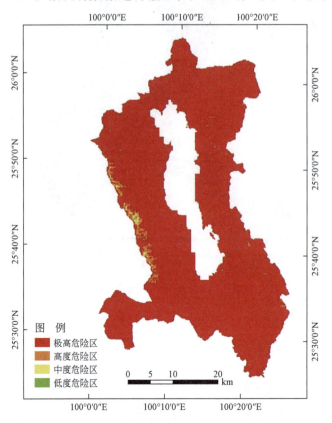

图2.15 大理市水土保持生态因子分级和生态红线图

可选择输入通过栅格网计算的 NDVI 数据。

水土保持措施因子 P：需要直接输入研究区水土保持措施因子数据。

通过计算，大理市水土保持生态因子可以分为 4 级：极高危险区、高度危险区、中度危险区、低度危险区。

大理市水土保持生态因子分级和生态红线如图 2.15 所示。

2.3.5　生物多样性

我们采用生物多样性保护服务能力指数作为评价指标，计算公式为

$$S_{\text{bio}} = \text{NPP}_{\text{mean}} \times F_{\text{pre}} \times F_{\text{tem}} \times (1 - F_{\text{alt}}) \quad (2.6)$$

式中，S_{bio} 为生物多样性保护服务能力指数；NPP_{mean} 为评价区域多年生态系统净初级生产力；F_{pre} 由多年（大于 30 年）平均年降水量数据插值，并归一化到 $0 \sim 1$；F_{tem} 为气温参数，由多年（$10 \sim 30$ 年）平均年降水量数据插值获得，得到的结果归一化到 $0 \sim 1$；F_{alt} 为海拔参数，由评价区海拔进行归一化获得。

生态系统净初级生产力平均值采用栅格网的太阳日照时长的 20% 来近似等于生态系统净初级生产力平均值。

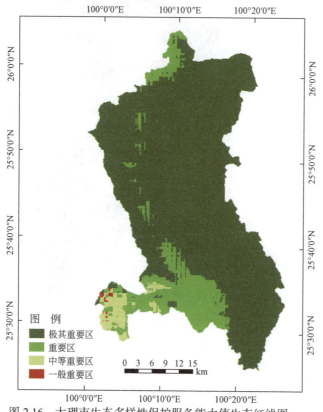

图 2.16　大理市生态多样性保护服务能力值生态红线图

按照生态多样性保护服务能力值大小，将大理市划分为 4 个重要性级别区域，一般重要区、中等重要区、重要区、极其重要区。

大理市生态多样性保护服务能力值和生态红线计算结果如图 2.16 所示。

2.3.6 洪水淹没

山地城镇建设开发，其沟谷地带存在洪水淹没风险。笔者通过不同洪水发生概率的水位高程的比较计算，测算出淹没区域；再根据缓冲区参数计算出不同等级的淹没区。根据大理市实际，我们设置了 4 个等级的缓冲区距离，将大理市划分为 4 个重要性级别的防护区，即一般重要区、中等重要区、重要区、极其重要区。不能在洪水淹没风险最高、属于极其重要的防护区域进行山地城镇土地建设开发。

大理市洪水淹没防护的重要性分级和生态红线计算结果如图 2.17 所示。

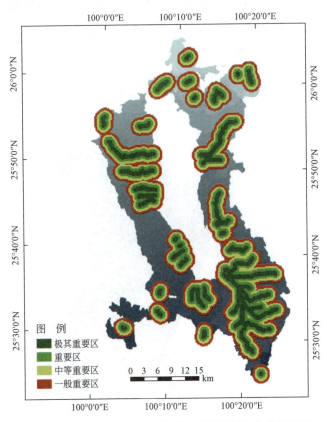

图 2.17　大理市洪水淹没防护的重要性分级和生态红线图

2.3.7　区域生态安全等级区划分

针对拟开发山地的自然条件及环境要素辨识土地生态脆弱性特征，分析山地开发对关键生态过程可能产生的影响。在此基础上，作者将上述关键生态安全指标按照生态限制的程度划分为：①只有极高生态风险等级被划为生态红线，设为生态限制区，其区域生态安全处于低水平；②将高和极高生态风险两个等级划为生态红线，设为生态限制区，其区域生态安全处于中等水平；③将中度生态风险等级以上（包括极高、高、中度生态风险等级）划为生态红线，设为生态限制区，其区域生态安全处于高水平。我们对以上几种生态红线的划定结果进行加权叠加汇总，得到区域生态安全等级区，即低生态安全约束区域、中生态安全约束区域和高生态安全约束区域，作为山地城镇土地建设开发的区域生态约束条件。高风险限制区域对应的是生态安全水平较低的情形，中风险限制区域对应的是生态安全水平中等的情形，低风险限制区域对应的是生态安全水平较高的情形，作为控制区域（市域、县域、流域）范围低丘缓坡山地城镇建设开发土地优化布局的生态约束条件。大理市生态安全等级如图 2.18～图 2.20 所示。显然，区域生态安全级别越高，对山地城镇土地开发的区域布局限制越大，山地城镇建设开发对区域生态系统的破坏越小，越具有区域生态可持续性。

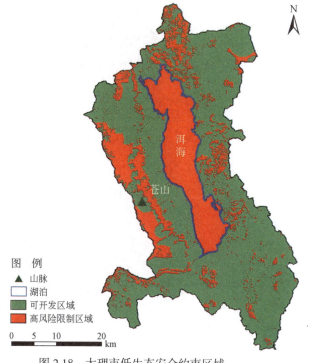

图 2.18　大理市低生态安全约束区域

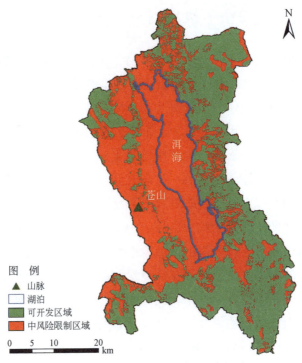

图 2.19　大理市中生态安全约束区域

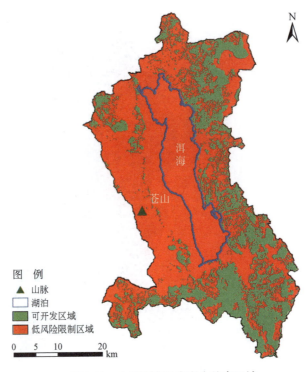

图 2.20　大理市高生态安全约束区域

参 考 文 献

毕宝德 . 2006. 土地经济学 . 北京：中国人民大学出版社：404～407

岑湘荣 . 2008. GIS 的城镇建设用地生态适宜性评价研究 . 长沙：中南大学硕士学位论文

陈梅英，郑荣宝，王朝晖 . 2009. 土地资源优化配置研究进展与展望 . 热带地理，29（5）：466～471

陈然 . 2011. 基于 GIS 的农村土地生态适宜性评价及应用研究——以义乌市岩南村为例 . 南京：南京农业大学硕士学位论文

陈玮 . 2001. 山地城市空间的立体化设计初探 . 中外建筑，2001：23～25

邓华灿 . 2008. 基于 RS 与 GIS 的低丘缓坡建设用地开发研究 . 福州：福建师范大学硕士学位论文

丁恒成 . 2013. 县域尺度低丘缓坡土地综合开发利用适宜性研究——以马龙县为例 . 安徽农业科学，41（13）：5965～5967

丁锡祉，郑远昌 . 1996. 再论山地学 . 山地研究，14（2）：83～88

冯广京，林坚，胡振琪，等 . 2015. 2014 年土地科学研究重点进展评述及 2015 年展望 . 中国土地科学，29（1）：4～19

冯维波，陈鹏，蒋坤富，等 . 2010. 多中心组团式城市森林生态网络格局的构建——以重庆都市区"森林城市"建设为例 . 重庆师范大学学报（自然科学版），27（2）：69～73

高国勇 . 2014. 基于 ArcGIS 的低丘缓坡用地提取方法 . 测绘与空间地理信息，31（1）：114～117

高华中，赵兴云，张洪军，等 . 2003. 临沂市土地利用结构变化及人文驱动因子分析 . 烟台师范学院学报（自然科学版），19（4）：281～285

关小克，张凤荣，郭力娜 . 2010. 北京市耕地多目标适宜性评价及空间布局研究 . 资源科学，32（3）：580～587

黄光宇 . 2002. 山地城市学 . 北京：中国建筑工业出版社：67～73

黄光宇，陈勇 . 1997. 生态城市概念及其规划设计方法研究 . 城市规划，（6）：17～20

黄杏元，倪绍祥，徐寿成，等 . 1993. 地理信息系统支持区域土地利用决策研究 . 地理学报，48（2）：114～121

贾冰 . 2008. 基于 GIS 和 RS 的晋城市生态环境敏感性评价研究 . 太原：太原理工大学硕士学位论文

金旺 . 2013. 重庆市低丘缓坡土地开发利用研究 . 重庆：重庆交通大学硕士学位论文

荆新全 . 2011. 基于 GIS 的土地适宜性评价及其应用研究 . 呼和浩特：内蒙古师范大学硕士学位论文

康家瑞，刘志斌，杨荣斌 . 2010. 基于 GIS 的土地生态适宜性模糊综合评价 . 系统工程，（9）：108～113

黎夏，叶嘉安，刘小平，等 . 2005. 地理模拟系统：元胞自动机与多智能体 . 北京：科学出版社：50～69

李红波，张慧，赵俊三 . 2014. 基于元胞生态位适宜度模型的低丘缓坡土地开发建设适宜性评价 . 中国土地科学，28（6）：23～29

李婧怡，林坚，刘松雪，等 . 2015. 2014 年土地科学研究重点进展评述及 2015 年展望—— 土地利用与规划分报告 . 中国土地科学，29（3）：3～12

李可 . 2014. GIS 支持下的低丘缓坡土地开发建设适宜性评价研究——以郧县为例 . 武汉：湖北大学硕士学位论文

李坤，岳建伟 . 2015. 我国建设用地适宜性评价研究综述 . 北京师范大学学报（自然科学版），（S1）：107～112

李萍 . 2005. 基于 GIS 的醴陵市土地适宜性评价研究 . 长沙：湖南农业大学硕士学位论文

李婷．2012．基于 GIS 的低丘缓坡建设用地适宜性评价研究——以禄丰县为例．昆明：昆明理工大学硕士学位论文

李伟松，李江风，钟紫玲．2013．GIS 支持下的湖北省赤壁市低丘缓坡建设用地生态适宜性评价．国土资源科技管理，31（1）：14～147

刘建红，徐建军，李诚，等．2007．基于遥感更新的省级生物丰度归一化系数研究——以湖北省为例．江汉大学学报（自然科学版），35（4）：46～50

刘靖．2013．基于 GIS 的县级土地适宜性评价．西安：西安科技大学硕士学位论文

刘卫东，严伟．2007．经济发达地区低丘缓坡土地资源合理开发利用——以浙江省永康市为例．国土资源科技管理，（3）：1～5

刘晓龙．2013．县域土地利用效益评价及优化配置研究．泰安：山东农业大学硕士学位论文

刘焱序，彭建，韩忆楠．2014．基于 OWA 的低丘缓坡建设开发适宜性评价——以云南大理白族自治州为例．生态学报，34（12）：3188～3197

吕杰，袁希平，甘淑．2013．低丘缓坡土地资源开发利用战略分析研究．中国农学通报，29（35）：225～229

罗歆．2013．万州区低丘缓坡土地资源开发利用适宜性评价研究．重庆：西南大学硕士学位论文

毛德华，陈秋林，汪子一．2007．关于环境友好型土地利用模式的若干基本问题的探讨．资源环境与工程，21（1）：75～78

孟丽华．2012．环境友好型土地利用模式实施效果研究．长春：东北师范大学硕士学位论文

南颖．2010．2000～2008 年长白山地区植被覆盖变化对气候的响应研究．地理科学，30（6）：461～468

倪绍祥．2003．近 10 年来中国土地评价研究的进展．自然资源学报，18（6）：672～678

倪兆祥等．2009．土地类型与土地评价概论．北京：高等教育出版社：9～12

欧名豪．2002．土地利用管理．北京：中国农业出版社：99～104

欧阳志云，王效科，苗鸿．2000．中国生态环境敏感性及其区域差异规律研究．生态学报，20（1）：9～12

庞悦．2014．基于 GIS 低丘缓坡土地资源开发利用评价研究．北京：中国地质大学硕士学位论文

曲福田，冯淑仪，俞红．2001．土地价格及分配关系与农地非农化经济体制研究——以经济发达地区为例．中国农村经济，（12）：54～60

申云鹏．2013．基于 GIS 的低丘缓坡荒滩未利用地开发为建设用地的适宜性评价．河南科技，13（3）：153～154

史同广，郑国强，王智勇，等．2007．中国土地适宜性评价研究进展．地理科学进展，26（2）：106～115

孙铁珩，王道涵．2005．论生态城市规划与建设内容框架．上海师范大学学报（自然科学版），34（3）：76～79

孙伟，陈雯．2009．市域空间开发适宜性分区与布局引导研究——以宁波市为例．自然资源学报，24（3）：403～412

汤小华，王春菊．2006．福建省土壤侵蚀敏感性评价．福建师范大学学报（自然科学版），22（4）：208～211

万忠成，王治江，董丽新，等．2006．辽宁省生态系统敏感性评价．生态学杂志，25（6）：677～681

汪丽．2013．白银市低丘缓坡土地建设开发适宜性评价研究．兰州：甘肃农业大学硕士学位论文

王辉．2012．中国西南山区城镇建设用地适宜性评价研究——以云南瑞丽市为例．昆明：云南财经大学硕士学位论文

王骄. 2014. 生态视角下城镇上山实施回顾与规划对策. 重庆：重庆大学硕士学位论文

王科. 2013. 丘陵山地区城镇建设用地空间布局研究. 重庆：西南大学硕士学位论文

王秋兵. 2003. 土地资源学. 北京：中国农业出版社：160～165

魏海，秦博，彭建. 2014. 基于 GRNN 模型与邻域计算的低丘缓坡综合开发适宜性评价——以乌蒙山集中连片特殊困难片区为例. 地理研究, 33（5）：831～841

温华特. 2006. 城市建设用地适宜性评价研究——以金华市为例. 杭州：浙江大学硕士学位论文

吴良镛. 1997. "人居二"与人居环境科学. 城市规划,（3）：4～9

吴勇. 2012. 山地城镇空间结构演变研究. 重庆：重庆大学博士学位论文

严伟. 2007. 经济发达地区的低丘缓坡资源合理开发利用. 杭州：浙江大学硕士学位论文

杨宁. 2014. 基于 GIS 的临安市低丘缓坡资源调查与评价研究. 杭州：浙江大学博士学位论文

于亢亢. 2014. 低丘缓坡土地开发利用效益评价研究. 西安：长安大学硕士学位论文

余大富. 1996. 我国山区人地系统结构及其变化趋势. 山地研究, 14（2）：122～128

於家. 2010. 基于人工智能的土地利用适宜性评价模型研究是实现. 上海：华东师范大学硕士学位论文

俞孔坚，李迪华，韩西丽. 2005. 论"反规划". 城市规划, 29（9）：64～69

张爱平，钟林生，徐勇，等. 2015. 基于适宜性分析的黄河首曲地区生态旅游功能区划研究. 生态学报, 35（20）：2～13

张雁，谭伟. 2009. 国内外土地评价研究综述. 中国行政管理,（9）：115～116

赵万民. 1996. 三峡库区城市迁建与发展的规模问题. 城市发展研究,（1）：51～54

赵展翔. 2013. 基于 GIS 的低丘缓坡资源综合开发利用评价研究——以浙江省瑞安市为例. 杭州：浙江大学硕士学位论文

郑楚亮. 2012. 低丘缓坡开发利用问题及建议——以江西省共青城市为例. 中国土地,（3）：28～29

周坊. 2008. 云南省县级土地利用综合评价. 昆明：昆明理工大学硕士学位论文

朱山华. 2011. 新的土地补充源值得研究——对浙江省丽水市低丘缓坡综合开发利用的思考. 中国土地,（8）：28～30

朱晓芸. 2008. 低丘缓坡土地资源开发利用评价研究. 杭州：浙江大学硕士学位论文

Bojórquez-Tapia L A，Diaz-Mondragón S，Ezcurra E. 2001. GIS- based approach for participatory decision making and land suitability assessment. International Journal of Geographical Information Science, 15（2）：129～151

Davidson D A，Theocharopoulos S P，Blackman R J. 2004. A land evaluation project in Greece using GIS and based on Boolean and fuzzy set methodologies. International Journal of Geographical Information System，2（6）：314～356

Fang S F，George Z G，Sun Z L，et al. 2005. The impact of interactions in spatial simulation of the dynamics of urban sprawl. Landscape and Urban Planning,（73）：294～306

FAO. 1976. A framework for land evaluation. Soil Bulletin，32

Kalogirou S. 2002. Expert systems and GIS：an application of land suitability evaluation. Computers，Environment and Urban systems，26：89～112

Kollias V J，Kalivas D P. 1998. The enhancement of a commercial geographical information system with fuzzy processing capabilities for the evaluation of land resources. Computers and Electronics in Agrieulture，20：79～95

Malczewski J. 2004. GIS-based land-use suitability analysis：a critical overview. Progress in Planning，62（1）：3～65

McHarg IL. 1969. Design with Nature . New York: Natural History Press

Nisar Ahamed T R, Gopal Rao K, Murthy J S R. 2000. GIS — based fuzzy membership model for cropland suitability analysis. Agricultural Systems, 63（2）: 75 ～ 95

Pereira J, Duckstein L. 1993. A multiple criteria decision- making approach to GIS- based land suitability evaluation. International Journal of Geographical Information Systems, 7（5）: 407 ～ 424

Rossiter D G. 1996. A theoretical framework for land evaluation. Geoderma, （72）: 165 ～ 190

Steiner F. 1983. Resource suitability: methods for analyses. Environmental Management, 7（5）: 401 ～ 420

第3章 基于生态安全的山地城镇土地可持续利用模式研究

3.1 研究思路与方法

3.1.1 研究思路

在设定山地城镇土地开发生态适宜性和区域生态安全格局以后,首先需要在区域(县域、市域或流域)范围内选择确定山地城镇土地开发的建设用地空间布局,在某等级区域生态安全格局约束下,寻找既能满足区域社会经济发展要求,又适宜进行山地建设开发,符合生态环境保护要求的山地城镇建设开发区块,实现区域的建设用地布局优化调整。

建设用地优化布局的原则如下。

第一,山地城镇土地开发的建设用地布局不能突破区域生态安全红线和生态适宜性这个天花板。

这就要求区域(县域、市域或流域,后同)尺度上的山地城镇土地开发的建设用地布局,必须在生态安全格局约束下和生态适宜性评价确定的适宜建设开发的山地地块约束下进行。总的要求是,山地开发的建设用地需求规模不能超过适宜建设地块面积,不能侵占生态安全划定的生态红线和生态用地;山地开发的建设用地需求结构应该与适宜建设地块可供应面积和集聚程度相匹配。

第二,山地城镇土地开发的建设用地布局应该与区域经济、社会发展需求相适应。

区域尺度山地开发的建设用地布局除了在用地供给侧受到区域生态安全红线和生态适宜性的约束以外,还受到区域社会经济发展现实可行性的约束,即山地城镇土地开发的建设用地数量、结构、开发时序应该受到区域社会经济发展与城镇化、工业化可实现程度和实现的阶段目标约束。已有比较确定的山地城镇、工业等投资项目的用地需求应确定为近期可实现目标,其可实现程度最高,应优先布局满足其用地需求；中期、远期的经济、社会发展目标，其可实现程度递减，建设用地的保障程度也随之递减。

第三，设计山地城镇土地开发建设用地布局优化的模式和多种情景模拟比较方案，探索最佳建设用地布局模式。

山地城镇土地建设开发的用地布局优化包括两个方面：其一，在前面生态安全格局和生态适宜性约束下，山地城镇土地开发的用地需求（包括规模和结构）与这两个约束相匹配；即生态安全和生态适宜性评价确定的适宜建设地块应该与山地城镇土地开发可供应土地量，以及可实现的区域社会经济发展用地需求量和用地结构相匹配。其二，布局模式选择的约束条件是：①生态红线与生态适宜性约束；②社会经济发展的现实可行用地需求约束。

按照上述原则，本书设计了3个等级的生态安全保障水平，即高生态安全约束、中生态安全约束和低生态安全约束。同时，根据区域经济、社会发展目标的差异性，设计经济优先发展模式（追求经济社会快速发展模式）、基准模式（维持现有经济、社会发展速度）、生态保育模式（生态优先发展模式）三种发展模式，应用笔者开发的软件进行多情景方案模拟。按照生态效益、经济效益、社会效益最大化原则，通过构建一个可操作、简便的评价指标体系，对各情景模拟方案进行优选，通过实验实证方法，探索基于生态安全的山地城镇土地可持续利用模式，为山地区域土地利用规划决策提供理论依据。

3.1.2 研究方法

本书将土地系统动态模拟模型（DLS）应用于山地城镇土地开发建设用地布局优化的计算机实验实证研究中。将生态安全约束放在建设用地优化布局的首要位置，凸显山地城镇土地开发的生态环境可持续性。在模型设计上，从区域土地系统的角度出发，综合模拟区域土地系统的时空演化格局，揭示土地系统变化驱动机理，实现土地系统结构变化与格局演替模拟，更加切合区域土地系统动态演化规律，使本书探索形成的基于生态安全的山地城镇土地可持续利用模式更加科学，更加符合我国当前土地利用的实际。

DLS是一种区域尺度土地系统动力学情景分析模型。土地制度的变化对自然资源、生产力和农村生活条件有重大影响。从区域到全球范围，土地系统动力学的环境和社会经济影响是可以预期的。该模型工具对于分析土地系统的动态或影响具有重要的意义，它可以应用决策规则的整合、多尺度的方法，利用聚焦功能和将驱动因素考虑到社会经济和生物物理背景中，来增加尺度的动力学。

DLS 以一种栅格化的方式表示土地使用类型，这意味着将选择一种分辨率，并用于在较低或聚合的分辨率下，用比栅格单元更均匀的信息来创建网格单元。因此，可以很好地表示土地利用在网格单元中占主导地位的土地用途。DLS 将每个基本单元格视为均匀观测，并在一定的栅格尺度下进行土地系统的模拟。

DLS 由一个场景模块、空间分析模块和影响空间显式分配模块的转换规则组成。该场景模块包含每年按土地使用类型的地区需求的变化。需求模块计算给定时间框架的指定土地使用类型的需求，时间间隔为一年。空间分析是基于对土地系统变化的社会经济和生物物理维度的驱动因素的空间回归分析。转换规则反映了土地管理因素和土地利用的共同转换规则的影响。除此之外，还需要考虑土地制度的动态边界，需要隔离那些没有土地利用 / 掩盖变化的地区。

DLS 框架考虑了与特定应用程序模型在经济、社会或环境问题上的联系。因此，它是土地利用规划、环境保护和自然资源管理决策的一个合适工具，通过模拟不同的土地动态场景，该模型能够捕获土地用途参与者的复杂行为；需求的非线性变化的输入、不同的转换规则和动力驱动因素引发了土地系统的各种继承模式。

3.2　大理市不同生态安全水平下山地城镇土地利用模式多情景动态模拟研究

3.2.1　大理市社会经济发展趋势预测

灰色预测模型是把人口随时间的变化过程看作是一个灰色系统，根据历史人口数据，根据灰色系统理论对人口变化进行建模，从而对未来某个时点的人口数据进行预测的方法。

GM（1，1）模型是灰色预测模型的一种，它首先对无规则的数据序列进行一定的变换，使变换以后的数据序列具有一定的规律，进而用曲线对变化以后的数据序列进行拟合，从而可以预测出未来某个时点的状况，最后对预测得到的数据序列进行还原，即可得到未来某时点的预测值。GM（1，1）模型的优点是所需要的数据较少，通常只要 4 个以上数据即可建模。

GM 模型一般对应一个微分方程，微分方程的求解形成一个预测模型的函数方程。灰色系统理论的微分方程称为 GM 模型，GM（1，1）为一阶一元微分方程模型。

GM（1，1）建模过程和机理如下。

（1）设原始数据序列 $X^{(0)}$ 为非负序列：

$$X^{(0)}=(x^{(0)}(1),x^{(0)}(2),\cdots,x^{(0)}(n))\qquad(3.1)$$

式中，$x^{(0)}(k)\geqslant 0$，k=1，2，$\cdots$，n。

（2）对 $X^{(0)}$ 做一次累加，生成数列 $X^{(1)}$：

$$X^{(1)}=(x^{(1)}(1),\ x^{(1)}(2),\ \cdots,\ x^{(1)}(n))\qquad(3.2)$$

式中，$x^{(1)}(k)=\sum_{i=1}^{k}x^{(0)}(i)$，$k$=1，2，$\cdots$，$n$。

（3）构造数据序列 B 和数据向量 Y：

$$B=\begin{bmatrix}-\dfrac{1}{2}(x^{(1)}(1)+x^{(1)}(2)) & 1\\ -\dfrac{1}{2}(x^{(1)}(2)+x^{(1)}(3)) & 1\\ \cdots\\ -\dfrac{1}{2}(x^{(1)}(n-1)+x^{(1)}(n)) & 1\end{bmatrix},Y=\begin{bmatrix}x^{(0)}(2)\\ x^{(0)}(3)\\ \cdots\\ x^{(0)}(n)\end{bmatrix}\qquad(3.3)$$

（4）确定参数 a 和 b。采用最小二乘法对待定系数进行求解：

$$\hat{a}=[a,b]^{\mathrm{T}}(B^{\mathrm{T}}B)^{-1}B^{\mathrm{T}}Y\qquad(3.4)$$

（5）白化方程 $\dfrac{\mathrm{d}x^{(1)}}{\mathrm{d}t}+ax^{(1)}=b$ 的解为

$$x^{(1)}(t)=\left(x^{(1)}(1)-\dfrac{b}{a}\right)\mathrm{e}^{-at}+\dfrac{b}{a}\qquad(3.5)$$

（6）GM（1，1）模型 $x^{(0)}(k)+ax^{(1)}(k)=b$ 的时间响应序列为

$$\hat{x}^{(1)}(k+1)=\left(x^{(0)}(1)-\dfrac{b}{a}\right)\mathrm{e}^{-ak}+\dfrac{b}{a},k=1,2,\cdots,n\qquad(3.6)$$

（7）计算还原值：

$$x^{(0)}(k+1)=(x^{(1)}(k+1)-x^{(1)}(k)),k=1,2,\cdots,n\qquad(3.7)$$

（8）模型精度检验：

计算均方差比 C 为

$$C=\dfrac{S_2}{S_1}\qquad(3.8)$$

其中，

$$S_1=\sqrt{\dfrac{1}{n}\sum_{k=1}^{n}(x^{(0)}(k)-\bar{x})^2}\qquad(3.9)$$

$$S_2 = \sqrt{\frac{1}{n} \sum_{k=1}^{n} \left(\varepsilon(k) - \bar{\varepsilon} \right)^2} \qquad (3.10)$$

$$\bar{x} = \frac{1}{n} \sum_{k=1}^{n} x^{(0)}(k) \qquad (3.11)$$

$$\bar{\varepsilon} = \frac{1}{n} \sum_{k=1}^{n} \varepsilon(k) \qquad (3.12)$$

计算小误差概率 p：

$$p = P\left(\left| \varepsilon(k) - \bar{\varepsilon} \right| < 0.6745 S_1 \right) \qquad (3.13)$$

统计满足式子 $\left| \varepsilon(k) - \bar{\varepsilon} \right| < 0.6745 S_1$（其中，$k=1$，$2$，$\cdots$，$n$）的 $e^{(k)}$ 个数。若此数为 r，则 $p = \dfrac{r}{n}$。对于建立好的 GM（1，1）模型，一般进行均方差检验和小概率误差检验，从而验证模型的拟合程度。预测结果详见图 3.1 及表 3.1。

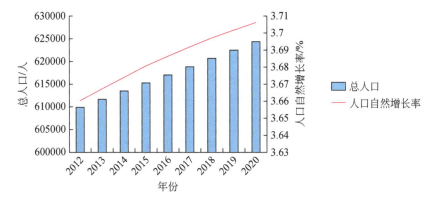

图 3.1　大理市人口预测结果图

表 3.1　大理市经济预测结果表

年份	生产总值 / 万元	财政总收入 / 万元	人均 GDP/ 万元	第一产业 / 万元	第二产业 / 万元	第三产业 / 万元
2012	2551705	326619	38774	194557	1283017	1074131
2013	2794116.975	357647.805	42457.53	213039.9	1404904	1176173
2014	3059558.088	391624.346	46490.995	233278.7	1538369	1287910
2015	3350216.106	428828.659	50907.64	255440.2	1684515	1410261
2016	3668486.636	469567.382	55743.866	279707	1844543	1544236
2017	4016992.866	514176.283	61039.533	306279.2	2019775	1690939
2018	4398607.189	563023.03	66838.289	335375.7	2211654	1851578
2019	4816474.872	616510.218	73187.926	367236.4	2421761	2027478
2020	5274039.984	675078.689	80140.779	402123.8	2651828	2220088

3.2.2 市域尺度的产业用地结构变化模拟（土地利用结构）

本书采用土地利用变化均衡分析模型（CGELUC 模型）模拟预测不同情景下大理市土地利用数量结构变化。人口、经济的发展是驱动土地利用变化的直接驱动力，反之，土地利用强度的加大及土地投入的增加也势必促进产业经济的发展。为此 CGELUC 模型可以反映上述指标动态预测背景下的土地利用变化。

CGELUC 模型以社会核算矩阵（SAM）为数据基础。首先，构建包含土地资源账户的 SAM 矩阵。我们收集了大理市相关社会经济数据、投入产出分析数据、产业用地分析数据等，利用云南省投入 - 产出表构建包含生产活动、生产要素、机构部门、税收、资本和其他六大账户的普通 SAM 矩阵。然后，再加上土地资源账户。土地资源账户基于第二次全国土地调查的土地分类，将土地利用类型分为 12 类（耕地、园地、林地、草地、商服用地、工矿仓储用地、住宅用地、公共管理与公共服务用地、特殊用地、交通运输用地、水域及水利设施用地和其他土地），并与各用地类型息息相关的账户进行土地产业对应，从而得到包含土地资源账户的 SAM 矩阵，为厘清低丘缓坡开发区不同产业的土地利用现状和区域土地利用数量结构变化模拟研究提供了数据基础。

为构建包含土地资源账户的 SAM 矩阵，采用的数据主要包括社会经济数据和土地利用现状数据。

1. 社会经济数据

由图 3.2 可以看出，1996～2005 年大理市年末总人口呈增加趋势，2005 年以后，总人口有稍微减少的趋势。其中，农业人口和农村人口在 2005 年之前呈增加趋势，由于城市化的影响，大量农村人口迁移到城市，使非农业人口和城镇人口增加。

图 3.2　1996～2012 年大理市历史人口情况

由图 3.3 可以看出，大理市的 GDP 总量、第一产业 GDP、第二产业 GDP、第三产业 GDP 都是呈增加趋势的，其中第二产业 GDP 和第三产业 GDP 比第一产业 GDP 增长得快，占 GDP 的比重大。

图 3.3　1996～2012 年大理市 GDP 变化

由于大理市没有编制投入－产出表，本书采用云南省统计局编制的 2002 年和 2007 年的云南省投入－产出表，构建 SAM 矩阵的主要基本框架。其次，大理市的社会经济基本统计数据，如各产业产值、人口、城镇化率、劳动力、资本、税收、储蓄等数据，主要来自于大理市 2003 年和 2008 年统计年鉴、财政年鉴、经济普查数据，以及其他统计数据。

基于大理市的主导产业与规划需求，在 42 个部门投入－产出表中遴选出煤炭开采和洗选业，金属矿采选业，食品制造及烟草加工业，金属冶炼及压延加工业，电力、热力的生产和供应业，建筑业，批发和零售业，住宿和餐饮业，金融业，房地产业，再加上农业、其他工业、其他服务业，制作包含 13 个生产活动的 SAM 矩阵。从大理市发改委和统计局了解到，大理市五大支柱产业分别为新型工业、文化旅游业、高效生态农业、物流服务业、居住业。

2. 土地利用数据

收集整理大理市第二次全国土地调查（简称二调）的土地利用现状数据，以及 1988 年、1995 年、2000 年、2005 年、2008 年五期土地利用遥感数据（图 3.4），该遥感数据有一级分类（6 类）和二级分类（25 类），同时制备了 100m×100m 栅格数据。

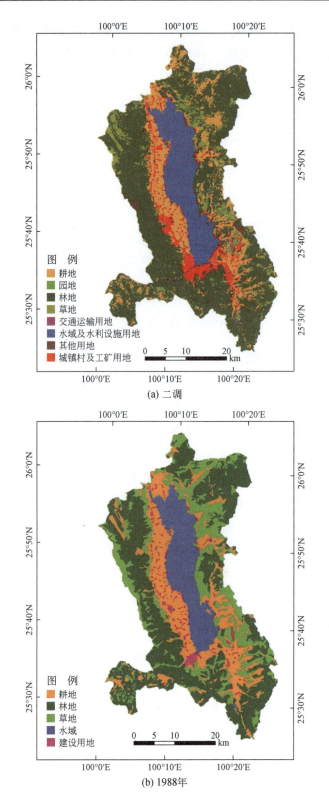

(a) 二调

(b) 1988年

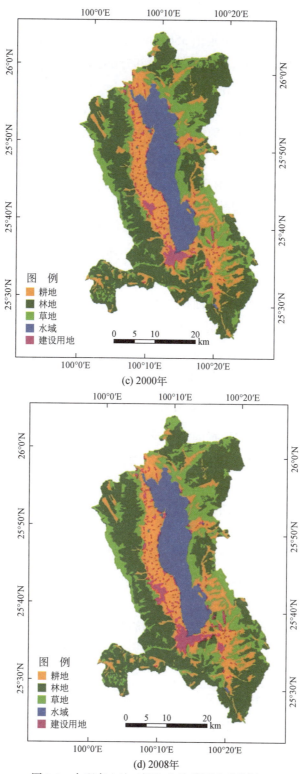

(c) 2000年

(d) 2008年

图 3.4　大理市土地二调和土地利用遥感数据

1988～2000 年，大理市耕地由 40609hm² 减少为 39386hm²，林地面积由 69430hm² 增加到 69867hm²，草地由 35616hm² 减少为 34856hm²，水域面积变化不大，由 24231hm² 变为 24223hm²，建设用地由 3978hm² 增加到 5532hm²。其中，减少的耕地和草地主要转变为建设用地。

2000～2008 年，大理市耕地继续减少，由 2000 年的 39386hm² 减少到 37579hm²。减少的耕地仍然主要转变为建设用地。建设用地的面积仍在不断增加，由 2000 年的 5532 hm² 增加到 2008 年的 7289hm²，林地面积由 2000 年的 69867hm² 增加到 69987hm²，草地面积由 34856hm² 减少为 34785hm²，水域面积由 24223hm² 增加为 24224hm²，草地呈现减少趋势，减少幅度较小，水域面积则变化不大。

从 1988～2008 年的土地利用变化看，在城市化过程中，大量耕地发展成建设用地，使得耕地面积减少，建设用地增加。大理市"三退三还"建设项目的实施将洱海流域 1974m 高程范围内的农村居民点等用地恢复为湿地，加大天然林的保护工作，导致草地面积减少，林地面积增加。

研究中需要构建包含土地资源账户的 SAM 矩阵，将土地利用现状数据与产业一一对应起来。其中，土地利用数据来源于大理市的土地利用现状调查数据，目前为矢量数据，需要栅格化，实现产业经济分类数据与二调土地利用数据的对应汇总。

3. 基于未来人口、经济增长情景利用 CGELUCC 模拟的不同用地需求的变化量

基于对大理市用地结构现状的了解及已构建的包含土地资源账户的 SAM 矩阵，以经济社会效益和生态环境效益的最大化为目标，利用 CGELUC 模型模拟大理市未来土地利用数量结构变化。通过设计基准情景、经济优先发展情景、环境保育情景等多种情景，模拟预测不同情景下的土地利用数量结构变化，为大理市土地利用的空间布局优化提供支撑。

基准情景是基于过去和现在的全要素生产率、劳动力、资本变化趋势，模拟未来以当前发展速度发展将形成的大理市土地利用数量结构变化。同时基准情景也为其他情景提供了对比参考。

经济社会发展情景则重点优先考虑经济社会的快速发展，以相比于基准情景增长更快的全要素生产率、劳动力、资本变化趋势，对区域土地利用数量结构形成更强的冲击和影响。

生态环境保育情景描述的是，在大理市未来发展情景中，更多地考虑了生态环境保护，会采取一系列环境保护、生态修复等可持续发展战略和措施。

CGELUC 模型预测结果的输出按照土地利用二级分类输出结果，如按照耕地、

园地、林地、牧草地、其他农用地、城乡建设用地、交通水利用地、其他建设用地、水域、自然保留地、其他未利用地 11 种二级分类输出预测模拟的结果，以便与土地利用现状进行比较，也有利于做土地利用规划。

3.2.3　预测市域各类建设用地需求量

目前许多学者采用不同的方法对建设用地预测进行了探索性的研究，形成了一批城市建设用地预测的方法。概括来讲，城市建设用地预测可以分为直接预测和间接预测两种。无论是直接预测法，还是间接预测法，基本思路都是将历史趋势外推到未来，而研究发现建设用地需求的变化与人口的总量变化有线性相关关系。

本书采用基于人口规模的建设用地预测方法，即在系统中采用灰色预测模型得到该县未来 5 年或未来 10 年的城镇人口、农村人口、人口总量，以及低丘缓坡地区由于产业发展需要劳动力而带来的人口预测结果等，在这些预测结果的基础上，将经济社会和城镇化的需求落实到按照国土部门土地利用分类的用地需求上。分两个层次：

一是用地需求趋势预测，与前面的经济发展与城镇化趋势预测对应，结合各类人均建设用地规模确定该市未来 5 年或未来 10 年市域各类建设用地需求量。预测方程：

$$Qbu(k) = pop_k \times bpp_k \tag{3.14}$$

式中，$Qbu(k)$ 为市域的第 k 类建设用地需求量；pop_k 为预测得到的市域 k 类人口数量；bpp_k 为市域 k 类建设用地标准。

二是对于独立工矿用地，依据下式预测独立工矿用地的总用地：

独立工矿用地＝独立工矿产业总产值 / 单位面积独立工矿用地产值　（3.15）

3.2.4　土地利用情景模式设计

本书首先基于前面第 2 章区域生态安全等级和生态适宜性评价，针对拟开发山地的自然条件和环境要素辨识土地生态脆弱性特征，分析山地开发对关键生态过程可能产生的影响，将大理市划分为低生态安全约束、中生态安全约束、高生态安全约束 3 个级别的山地城镇土地开发的生态保护模式。

其次，基于未来人口、经济增长策略，利用 CGELUCC 模拟基准发展模式、经济优先发展模式、生态保育发展模式及其用地需求。三种社会经济发展模式的情景描述如表 3.2 所示。

表 3.2　社会经济三种发展模式的情景描述

基准发展情景	结合 1985～2010 年大理市土地利用变化趋势，假定 2010～2030 年影响大理市土地利用变化的因素没有发生较大变化，结合历年来大理市社会经济发展的平均水平，得出未来各种土地利用类型的需求量
经济优先发展情景	假设 2010～2030 年大理市经济持续增速发展，通过考虑 GDP 增长率、人口增长率、城镇化水平、流动人口、生态用地面积等多项因素，从而得出未来各个土地利用类型的需求面积
生态保育发展情景	生态保育情景对大理市的发展以保护生态为主，在保护生态红线的基础上发展经济，以此来达到社会经济与生态保护可持续发展的目的

将上述两类模式进行组合，形成以下 9 种山地城镇土地可持续利用情景模拟的模式。

（1）高生态约束—基准发展模式；

（2）中生态约束—基准发展模式；

（3）低生态约束—基准发展模式；

（4）高生态约束—经济优先发展模式；

（5）中生态约束—经济优先发展模式；

（6）低生态约束—经济优先发展模式；

（7）高生态约束—生态保育发展模式；

（8）中生态约束—生态保育发展模式；

（9）低生态约束—生态保育发展模式。

本书以大理市为例进行实验实证模拟研究，探索最优山地城镇土地可持续利用模式。

3.2.5　模拟结果与评价

1. 低生态安全约束下土地利用模式动态模拟

DLS 模型根据三种社会经济发展模式，在低生态安全约束下，进行不同情景模式的土地利用及其空间布局预测，并通过土地利用面积变化矩阵分别与 2014 年的数据进行对比，具体分析如下。

1）基准发展情景

由图 3.5（b）可以看出，模型预测在 2020 年的洱海附近建设用地有所减小，对应的草地有少量增加。其中，东南部的建设用地有所增加，林地有所减少。

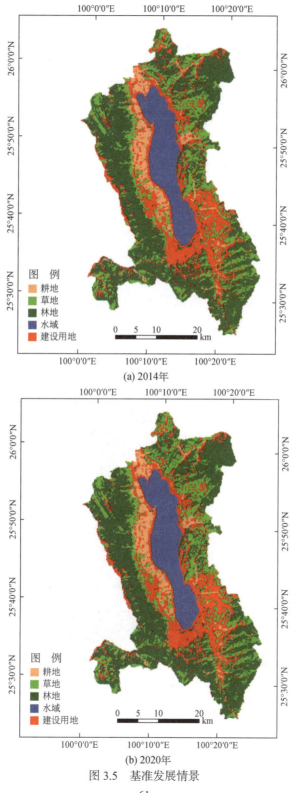

(a) 2014年

(b) 2020年

图 3.5　基准发展情景

定量看，耕地、林地和草地均有部分减少，其中草地减少最多，建设用地增加；水域为限制区，面积未发生变化（表 3.3）。

表 3.3 　2014～2020 年研究区土地利用面积变化矩阵　　　　　　（单位：km²）

土地类型	草地	耕地	建设用地	林地	水域	总计
草地	703.2	0	0	0	0	703.2
耕地	0	96.3	0	0	0	96.3
建设用地	7.2	20.9	305	24.5	0	357.6
林地	0.3	0.2	0.5	369.1	0	370.1
水域	0	0	0	0	208	208
总计	710.7	117.4	305.5	393.6	208	1735.2

注：横向为 2014 年，纵向为 2020 年。

2）经济优先发展情景

由图 3.6（a）和图 3.6（b）可以看出，此情景中，2020 年西部的部分林地、草地会变成建设用地，洱海附近的部分耕地和草地会变成林地。

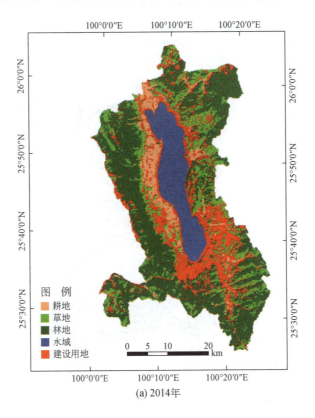

图 例
　耕地
　草地
　林地
　水域
　建设用地
0　5　10　　　20
km

(a) 2014年

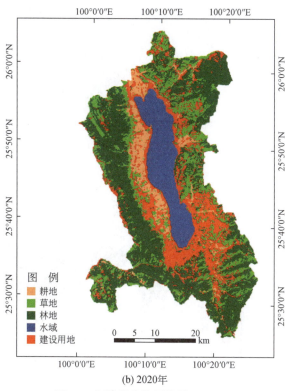

(b) 2020年

图 3.6　经济优先发展情景

通过面积变化矩阵，可以发现草地和耕地有所增加，林地有所减少（表 3.4）。

表 3.4　2014～2020 年研究区土地利用面积变化矩阵　　　（单位：km²）

土地类型	草地	耕地	建设用地	林地	水域	总计
草地	691.8	0	0	0	0	691.8
耕地	0	104.3	0	0	0	104.3
建设用地	17	7.6	294.9	28.4	6.4	354.3
林地	1	5.4	9.9	363.6	0.3	380.2
水域	0.7	0	0.7	1.5	200.7	203.6
总计	710.5	117.3	305.5	393.5	207.4	1734.2

注：横向为 2014 年，纵向为 2020 年。

3）生态保育发展情景

通过对比图 3.7 可以发现，水域有所增加，西部林地减少了一小部分，洱海东南部的建设用地增加了一些。

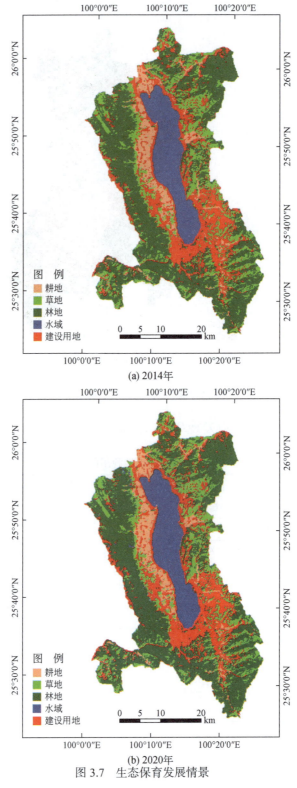

(a) 2014年

(b) 2020年

图 3.7　生态保育发展情景

　　由土地利用面积变化矩阵可以发现，耕地有所减少，建设用地、林地、草地和水域均有不同程度的增加（表 3.5）。

表 3.5　2014～2020 年研究区土地利用面积变化矩阵　　　　　（单位：km²）

土地类型	草地	耕地	建设用地	林地	水域	总计
草地	710.3	0.9	0	2.8	0	714
耕地	0	85.7	0	0	0	85.7
建设用地	0	22.8	284.5	0.2	0.3	307.8
林地	0.5	6.7	5.5	390.6	0	403.3
水域	0	1.4	2.7	0	207.3	211.4
总计	710.8	117.5	292.7	393.6	207.6	1722.2

注：横向为 2014 年，纵向为 2020 年。

2. 中生态安全约束下土地利用模式动态模拟

1）基准发展情景

　　由图 3.8（b）可以看出，模型预测在 2020 年的洱海附近建设用地有所增加，对应的草地有少量减少。其中，东南部的建设用地有所增加，林地有所减少。

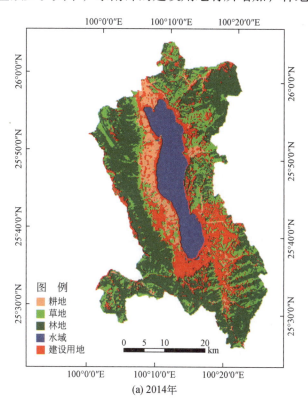

(a) 2014 年

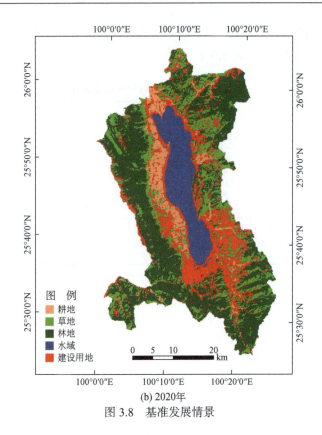

(b) 2020年

图 3.8　基准发展情景

定量看，耕地、林地和草地均有部分减少，其中草地减少最多。建设用地增加；水域为限制区，面积未发生变化（表 3.6）。

表 3.6　2014～2020 年研究区土地利用面积变化矩阵　　　　　　　（单位：km²）

土地类型	草地	耕地	建设用地	林地	水域	总计
草地	699.17	0	0.80	0.02	0	699.99
耕地	0.04	112.76	0	0	0	112.8
建设用地	9.95	4.58	302.15	12.25	0.35	329.28
林地	0	0.12	1.52	381.37	0	383.01
水域	1.09	0	1.15	0	207.18	209.42
总计	710.25	117.46	305.62	393.64	207.53	1734.5

注：横向为 2014 年，纵向为 2020 年。

2）经济优先发展情景

通过对比图 3.9（a）和图 3.9（b）可以看出，此情景中，2020 年西部的部分林地、草地会变成建设用地，洱海附近的部分耕地和草地会变为林地。

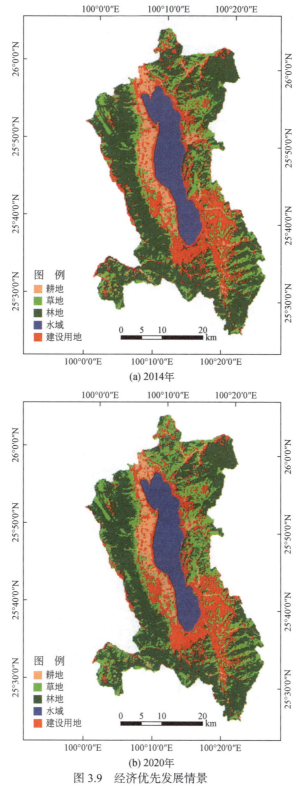

(a) 2014年

(b) 2020年

图 3.9　经济优先发展情景

通过面积变化矩阵，可以发现草地、耕地、林地有所减少（表 3.7）。

表 3.7 2014 ~ 2020 年研究区土地利用面积变化矩阵 （单位：km²）

土地类型	草地	耕地	建设用地	林地	水域	总计
草地	676.83	0	0	0	0	676.83
耕地	0	103.91	0	0	0	103.91
建设用地	33.41	13.71	304.58	20.52	0.35	372.57
林地	0.54	0.38	1.04	373.12	0	375.08
水域	0	0	0	0	207.18	207.18
总计	710.78	118	305.62	393.64	207.53	1735.57

注：横向为 2014 年，纵向为 2020 年。

3）生态保育发展情景

通过对比图 3.10 可以发现，水域有所减少，西部草地增加一小部分，洱海东南部的建设用地减少了一些。

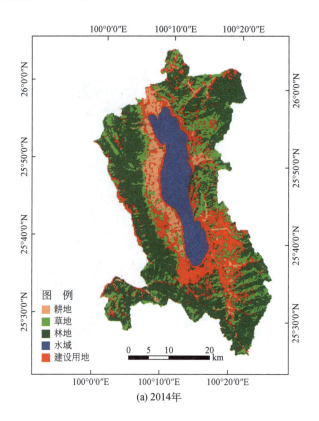

(a) 2014年

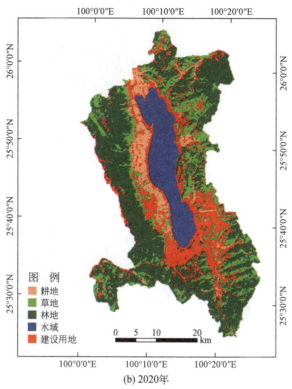

(b) 2020年

图 3.10　生态保育发展情景

由土地利用面积变化矩阵可以发现，林地有所减少，建设用地、耕地、草地和水域均有不同程度的增加（表 3.8）。

表 3.8　2014～2020 年研究区土地利用面积变化矩阵　　　　　　（单位：km²）

土地类型	草地	耕地	建设用地	林地	水域	总计
草地	708.87	0.12	7.52	0.04	0	716.55
耕地	0.02	115.20	0.02	0	0	115.24
建设用地	1.12	1.90	290.62	2.24	0.35	296.23
林地	0.77	0.24	3.84	391.36	0	396.21
水域	0	0	3.62	0	207.18	210.8
总计	710.78	117.46	305.62	393.64	207.53	1735.03

注：横向为 2014 年，纵向为 2020 年。

3. 高生态安全约束下土地利用模式动态模拟

1）基准发展情景

通过对比图 3.11 可以发现，水域有所减少，西部林地减少了一小部分，洱海东南部的建设用地增加了。

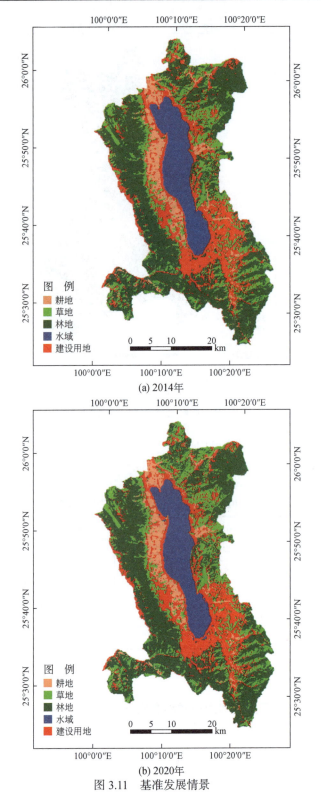

(a) 2014年

(b) 2020年

图 3.11　基准发展情景

由土地利用面积变化矩阵可以发现，耕地有所减少（表 3.9）。

表 3.9　2014～2020 年研究区土地利用面积变化矩阵　　　　（单位：km²）

土地类型	草地	耕地	建设用地	林地	水域	总计
草地	691.96	0	2.20	0	0	694.16
耕地	0.09	114.36	0.03	0	0	114.48
建设用地	15.95	2.95	299.92	10.48	0.45	329.75
林地	0.9	0.07	2.71	381.99	0	385.67
水域	1.07	0	0.5	0	207.08	208.65
总计	709.97	117.38	305.36	392.47	207.53	1732.71

注：横向为 2014 年，纵向为 2020 年。

2）经济优先发展情景

通过对比图 3.12 可以发现，水域有所增加，西部草地增加一小部分，洱海东南部的建设用地增加了一些。

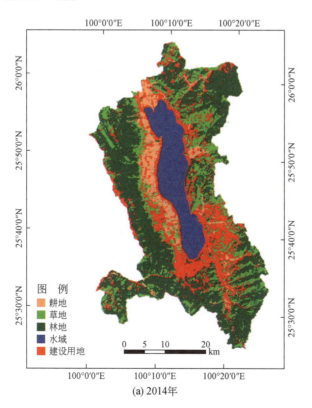

(a) 2014年

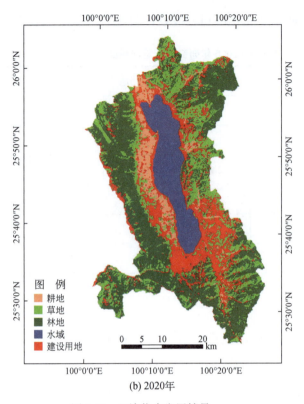

(b) 2020年

图 3.12　经济优先发展情景

由土地利用面积变化矩阵可以发现，建设用地有所减少，林地、耕地、草地和水域均有不同程度的减少（表 3.10）。

表 3.10　2014 ~ 2020 年研究区土地利用面积变化矩阵　　　　　　　（单位：km²）

土地类型	草地	耕地	建设用地	林地	水域	总计
草地	670.70	0	0	0	0	670.70
耕地	0.02	103.77	0	0	0	103.79
建设用地	38.49	13.09	299.92	18.56	0.45	370.51
林地	0.76	0.52	1.83	373.91	0	377.02
水域	0	0	0.5	0	207.08	207.58
总计	709.97	117.38	302.25	392.47	207.53	1729.6

注：横向为 2014 年，纵向为 2020 年。

3）生态保育发展情景

由图 3.13 可以看出，模型预测在 2020 年的洱海附近建设用地有所减少，对应的草地有少量增加。其中，东南部的建设用地有所增加，林地有所减少。

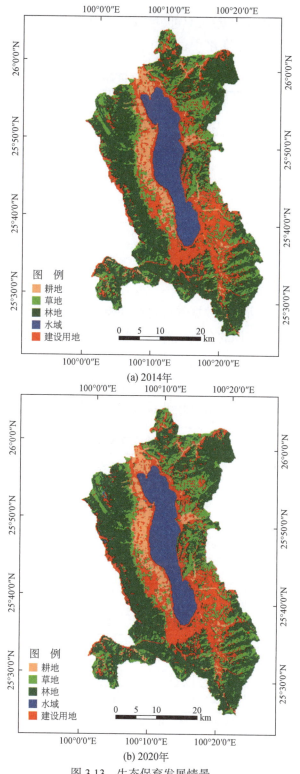

(a) 2014年

(b) 2020年

图 3.13　生态保育发展情景

定量看，耕地、林地和草地均有部分增加，其中草地增加最多，建设用地减少；水域为限制区，面积未发生变化（表 3.11）。

表 3.11　2014～2020 年研究区土地利用面积变化矩阵　　（单位：km²）

土地类型	草地	耕地	建设用地	林地	水域	总计
草地	705.78	0.11	10.53	0.11	0	716.53
耕地	0.04	114.57	0.07	0	0	114.68
建设用地	3.14	2.49	286.56	3.30	0.45	295.94
林地	1.01	0.21	4.69	389.06	0	394.97
水域	0	0	3.51	0	207.08	210.59
总计	709.97	117.38	305.36	392.47	207.53	1732.71

注：横向为 2014 年，纵向为 2020 年。

4. 不同情景模式的综合效益评价

限于计算机软件自动提取数据的可得性和模型计算可操作性，本书以影响山地城镇土地开发建设用地布局的自然生态（以地形形态、地质灾害、水土流失等代表）、开发成本（以坡度、坡向、相对高差等代表）和社会因素（以交通可达性、距中心城镇远近等代表）等作为山地城镇土地开发不同情景模式的综合效益评价因子，通过计算机软件自动计算九种土地利用情景模式的综合效益，如表 3.12 和表 3.13 所示。

表 3.12　不同情景建设用地因子等级情况

项目	坡度	相对高差	坡向	地形形态	地质灾害	水土流失	交通可达性	距中心城镇远近
高环境	10.72	2596.2	173.51	13.88	低度	高	0.15	0.55
高基准	10.64	2598.3	174.53	13.88	低度	高	0.15	0.55
高经济	10.45	2570.7	176.97	13.88	低度	高	0.15	0.55
中环境	11.76	2681.3	175.04	13.9	低度	极高	0.14	0.54
中基准	11.32	2681.3	176.83	13.9	低度	极高	0.14	0.54
中经济	11.03	2655.5	178.56	13.9	低度	极高	0.14	0.54
低环境	11.62	2685.8	175.3	13.93	中度	极高	0.14	0.53
低基准	11.47	2683.7	177.15	13.93	中度	极高	0.14	0.53
低经济	11.33	2674.9	178.24	13.93	中度	极高	0.14	0.53

注：高指高生态安全约束，中指中生态安全约束，低指低生态安全约束；环境指生态保育发展模式，基准指基准发展模式，经济指经济优先发展模式。

表 3.13　各土地利用情景模式的建设用地得分表

项目	坡度得分	相对高差得分	坡向得分	地形形态得分	地灾灾害得分	水土流失得分	交通可达性得分	距中心城镇远近得分	总分
高环境	71.63	17.30	96.39	92.53	100	70	15	55	69.89
高基准	72.40	17.27	96.96	92.53	100	70	15	55	69.93
高经济	72.86	17.62	98.32	92.53	100	70	15	55	70.06
中环境	70.74	16.48	97.24	92.67	100	50	14	54	59.92
中基准	69.49	16.48	98.24	92.67	100	50	14	54	59.82
中经济	68.66	16.81	99.20	92.67	100	50	14	54	59.83
低环境	70.34	16.43	97.39	92.87	80	50	14	53	49.83
低基准	69.91	16.45	98.42	92.87	80	50	14	53	49.90
低经济	69.51	16.56	99.02	92.87	80	50	14	53	49.92

　　由表 3.13 可以看出，高生态安全约束下的经济优先发展模式，其建设用地得分最高，主要因为其坡度、相对高差、坡向、地质灾害、水土流失、交通可达性和距中心城镇远近等因子得分较高。相对高差、坡度、坡向是建设用地施工成本评价的重要指标，交通可达性和距中心城镇远近是衡量建设用地融入现代社会情况的重要指标，地质灾害、水土流失是衡量建设用地生态安全的重要指标。

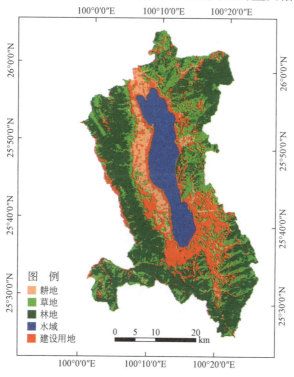

图 3.14　高生态安全约束下经济优先发展模式

综合效益计算结果表明，高生态安全约束下的经济优先发展模式是九种模式中生态最安全、经济效益和社会效益最高的山地城镇土地利用模式。该模式是在保障区域生态安全的前提下，寻求区域经济快速发展的山地城镇土地利用模式（图3.14）。首先，该模式要求谨慎进行山地建设开发，必须在不突破生态红线、不过度损害山地自然生态系统、确保区域生态安全的前提下，对部分适宜进行建设开发的山地进行山地城镇土地开发。其次，该模式要求山地城镇土地开发必须节约集约利用土地，根据山地自然生态形态，宜建则建，宜林则林，实行小集中、大分散的土地开发布局模式，对可建设开发地块进行集约化利用，在有限的山地空间上最大限度地满足区域社会经济发展的需求。

3.3 山地城镇土地可持续利用模式的内容

3.3.1 山地城镇土地可持续利用的原则

前文山地城镇土地利用模式情景实验实证研究表明，高生态安全约束下的经济优先发展模式是山地城镇土地开发的最佳模式。该模式要求在保证较大面积生态用地、实行较高生态安全水平条件下，实现经济社会快速、可持续发展。这就要求山地城镇土地利用模式必须坚持以下原则。

1. 生态优先、兼顾社会及经济效益

由于山地开发具有灾害易发性和生态破坏的不可控性，山地城镇土地开发更需要坚持生态优先，保留足够的生态用地和生态廊道，确保生态安全。在此前提下，再安排社会经济发展所需要的建设用地。

2. 依山就势、立体利用土地

山地城镇土地立体利用要求将山地作为一个完整的城镇空间加以认识、规划和建设，以山地城镇三维界定元素所反映的土地利用为对象，以复杂的山地土地利用特性、城镇功能和景观的有机结合为核心，以协调山地城镇空间各组成部分用地的功能、结构、规模和格局的优化为目标，实现山地城镇土地开发利用的多维度化，土地利用功能的多目标和多样化，以及土地利用景观空间的立体化。

具体为，沿山地区域水、热、气不同梯度方向，以及充分利用地面、地下空间资源，将土地利用类型和功能"立体化"，土地利用布局于立体空间中，建设适应山地地形、气候、山地景观与山地文明的生态化、和谐发展的人居环境。依山就势，借助自然环境、景观特色，建设与自然面貌有机结合的城镇空间环境，构筑立体式山地城镇截面，形成独特的城镇风貌。实现山地城镇产业布局的立体化、基础设施建设的立体化、城镇空间格局的多维化、人居环境的舒适化、山地生态系统的多样化，达到山地城镇空间多层次化，各种功能活动有组织地分布于多个层面上，形成不同职责、不同功能在空间上的叠置，以提高山地城镇整体土地利用空间的容量与效率。

3. 集约利用土地

山地城镇土地集约利用是高生态安全约束下山地城镇土地开发利用的必然要求。首先，受山地地形地貌等客观条件的限制以及高生态安全需要较多生态用地的约束，拟建设开发山地的适宜建设用地较少，要满足经济社会快速发展对建设用地的需求，只能通过提高土地利用率、集约利用宜建土地。其次，从经济角度考虑，山地城镇土地开发的单位面积建设用地成本高，集约利用宜建土地可以避免用地粗放带来的资源浪费。最后，采取宜建土地集约利用，可以保留较多的山地生态用地，减少山地开发对山地生态系统的扰动。

3.3.2　山地城镇土地可持续利用的特征

从空间构成要素和环境看，山地城镇空间由自然要素和人工要素两部分组成。自然要素包括不同山地地形地貌特征下的山体、水体、自然绿化、气候等山地自然环境；人工要素包括建筑、道路、广场、人工绿化等实体的空间形态。自然要素和人工要素在山地城镇地形地貌的复杂性和多样性背景下的有机结合，造就了山地城镇土地可持续利用的立体化景观特征。主要表现如下。

1. 时空景观的多样化

地形变化、气候变化、垂直植被变化、起伏的景观变化使山地城镇空间结构具有时空动态变化特征。山地自然环境孕育了山地城镇丰富的自然资源、自然景观和人文景观。从空间形态上看，山地城镇景观比平原城市多一个立体的维度，平原城市以建筑来形成城市空间，而山地城镇是在自然已形成的一定空间格局上来形成城镇空间。山与水为城镇的生存与发展提供了基本条件与活力。岗、岭、梁、谷、崖、坡、坎、坳、沟、湾、岛等地貌特征又使景观丰富多变。由于山地高度的依托，人的视点较平原城市高，视线受建筑物阻挡相对较少，能察觉和体验的城市空间会比平原城市多，而背景山体、河流、城内山丘、绿地等的点缀更使城市空间婉转有趣，延续并丰富山地城镇多样化空间。同时，也正是这种特征，导致山地城镇建设投资费用普遍比平原城市高15%～30%，为克服重力及地形障碍的能耗也大得多（冯红霞，2014）。

2. 用地的复杂性

山地城镇复杂的自然地理条件与生态环境为山地城镇土地利用带来了一系列复杂变化的影响因素和限制条件。例如，坡向、坡度、高程等问题都极大地影响着城镇土地利用功能的发挥；山地城镇生产用地、生活用地和生态用地的优化配置，决定着山地城镇自然环境和人工环境的有机组合程度，尤其关系到自然环境能否通过土地利用功能的优化得以延续。同时，山体的高度、大小、与河流水体的关系、灾害的易发程度等复杂性因素又会导致山地城镇环境形成独特的城镇空间和景观格局，进而形成复杂的山地城镇土地利用方式。

山地城镇起伏多变的地貌特征决定了其环境组成因子呈立体分布的三维特性，分布于不同高程带的河流、林地、分水岭、陡坡、冲沟、滑坡构成了不适于城镇建设的不同性质的生态敏感区域。这些生态敏感区域可以分为自然景观性生态敏感地域、物种多样性生态敏感地域、特殊价值性生态敏感地域和自然灾害性生态敏感地域4类。它们既是城镇建设的禁建区，又是维持城镇生态平衡的环境区，在客观上，或成为穿插于城镇之中的建设用地分隔区，或形成环绕于城镇外围，并界定城镇建设区的认知区（黄光宇等，1997）。

3. 布局的局限性

山地城镇受水环境、地质条件、地形地貌等自然因素的影响，其内部适宜建设用地差异性很大，使山地城镇布局鲜有平整和规则的土地利用，不规则、零散是山地城镇用地的基本特征，极大地影响着城镇建设和布局。同时，山地城镇用地多为坡地，内部存在复杂的高差变化，对城镇道路、基础设施布置都有着很大的影响，也为城镇功能的有效组织带来诸多不便。因此，山地城镇用地的空间组织和功能的布局和优化，显得尤为重要。同时，山地城镇有着丰富的相对人类活动较脆弱的自然生态敏感区：①自然景观性生态敏感区：自然环境长期演化而成的，具有植被、地貌等方面特色与观赏价值的景观区，如峡谷、河流、特色林区；②物种多样性生态敏感区：物种种类丰富、种群密度相对较大，对维护物种的延续具有一定的保护价值，且容易遭受破坏的区域，多位于河岸、山麓等边缘地带；③特殊价值生态敏感区：具有特定生态价值与自然演进价值的区域，如湿地、地下水回灌区、特殊动植物物种保护区等；④自然灾害性生态敏感区：易引起山地灾害的地域，包括地质灾害敏感区（滑坡、崩塌区）和地貌灾害敏感区（冲沟、分水岭、陡坡等）。这些生态敏感区域为山地城镇用地布局、城镇基础设施布局等带来了极大的限制。

4. 空间的多维性

山地地形地貌特征是山地城镇空间变化多维性的自然基础，表现为地形、地貌、坡度、生态环境、社会、经济等因子在山地空间的立体分布，以及各自然地理要素和人文要素在山地区域的立体空间组合，进而促使山地城镇土地利用在自然要素和人工要素的有机结合下，在结构和功能上形成立体化的山地城镇空间形态，表现为城镇空间的立体化、城镇景观的立体化，以及城镇交通的立体化等。

山地城镇特殊的地形条件使城镇建设的"基底"高低起伏，从而形成了诸多特色鲜明的城镇景观。与平原城市相比，山地城镇空间增长不仅沿高低起伏的用地基底延伸，而且具有在竖向的三维空间分布的特点。自然的山水格局使山地城镇空间在增长过程中一般都要经历自然山水的改造，以适应城镇发展的过程，这一过程主要包括上山、下水和提高空间利用率 3 个方面（图 3.15）（王纪武，2003），随着城镇空间的三维集聚，城镇空间格局显示出集约化发展趋势。同时，随着山地城镇空间集聚的发展，城镇空间与区域格局协调发展成为另一条城镇空间可持续发展的道路。

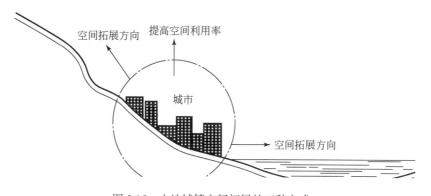

图 3.15　山地城镇空间拓展的三种方式

总之，山地城镇特殊的地形、地貌条件使城镇建设的基底高低起伏，从而形成了许多特色鲜明的城镇景观。山地城镇土地利用结构与变化，正是这种特殊的山地地域系统的平面投影。与平原城镇相比，山地城镇空间增长不仅沿高低起伏的用地基底延伸，其城镇空间扩展的趋势更加立体化，并具有竖向的三维空间特征，而大多数平原城镇仅具有一般的横向二维空间特征。

3.3.3 山地城镇土地可持续利用的主要开发模式

1. 谷地利用模式

建设用地在山谷平缓地带集中分布。谷地模式顺应地形，有利于保持良好的生态景观环境质量，但是用地疏松，适宜用在城区外围的休闲娱乐等功能区域。

2. 坡地利用模式

开发较为集中的山坡地主要集中在建成区中心组团周边。在中心组团聚集效应的带动下，在河谷平地周边，开发建设逐渐向外围扩散，一些坡度相对较缓的山坡地逐渐被开发出来，对坡地的利用基本上依托山势进行小规模的土地平整，呈现出随形就势的特点。坡地开发模式能够适应一般情况下的城市开发，并且有利于塑造独具特色的山地城市景观，因此，应作为山地开发主导性的开发模式。

3. 开山模式

随着经济的发展，城市建设与土地资源稀缺的矛盾日益突出，为大规模的土地平整创造了条件，在此前提下，一些坡度不大的山坡通过土地平整降低高程和坡度用地开发建设，这种模式对于土地平整的力度和范围较以往的坡地利用模式更大。开山模式是一种相对简单的土地开发模式，但由于其形势单调、与山体关系生硬，因此，应作为其他开发模式的补充，有限度地使用。

4. 开山平谷模式

这是一种建立在更大规模土地平整基础上的丘陵地开发利用模式。在丘陵地带的谷底与山顶之间选取适当的高程为基准地平，开山填谷，获得较大规模的平整土地。开山填谷模式可以创造规模较大且建设条件优越的平地，但对山地城市特色有一定的损伤，因此应审慎使用，应更多地用于建设重工业区和活动密集的公共中心。

不同的开发模式各有优点和缺点，对于地形复杂的山地城市，单一的山地开发模式并不能适应所有情况，因此，应综合运用各种开发模式，并充分利用各种模式的优势，弥补弱势（表3.14）。

表 3.14　不同开发模式的利弊比对

项目		谷地利用模式	坡地利用模式	开山模式	开山平谷模式
经济性	前期工程量	很小	较小	较大	较大
	规模效益	一般	较大	较小	很大
功能适应性		工业、居住、公共设施	居住、公共设施、小规模工业	较小规模的工业、居住、公共设施	各种类型的用地
安全性		较好	一般	一般	较好
生态景观	景观	设施隐蔽性好，山城交融	山体与设施耦合性好，山城特色突出	对山体形态改变较大，产生大量开山创面	形态较呆板，山城特色不突出
	生态环境质量	好	视开发强度	视开发强度	视开发强度
空间资源存量		较少	较多	较多	很多

3.3.4　山地城镇土地可持续利用的集约用地方式

1. 组团式空间布局

结合山地城市地形特征，根据城市总体空间安排，将功能性质相近的地区相对集中布置成为组团，使其在空间上较为完整、独立，组团之间有明确的空间分隔，并有便捷的联系，形成总体的山地城市组团式空间结构，这样既可以使各个组团因地制宜地发挥优势，实现差异化协调发展，同时，组团内部可以集中配置完善的城市设施，促进集约发展，而组团之间的开敞空间还可以保护基本山水生态格局和生活环境。

2. 提倡公共交通

公共交通可以以较低的成本产生较高的交通效率，是一种集约化的交通模式，节约土地成本和时间成本；同时降低环境成本。提升山地城镇公共交通的综合效益，一方面，要在对山地环境不造成过大干预的前提下，提升水平机动车道效率；另一方面，需要提倡步行等其他公共交通模式，以降低对水平机动交通的依赖，尤其是要发展对山区复杂地形有更强适应能力的山地立体公共交通模式。同时，要增强不同交通方式之间的联系与配合，从而以多样化，且相互合作、取长补短的公共交通模式，构建综合性的、地域特色突出的山地城镇公共交通系统。

3. 提倡用地功能的混合

宜布置一系列小尺度、多临街面的开放式社区，并利用山地形高差，结合空中连廊、退台等手段，将临街面竖向扩展，提供更多的生产与销售空间，促进社区功能混合。

4. 建立疏密有致的城市密度分区模式

科学制定土地开发的相关法规和政策，在提高城市密度的同时，加强对土地利用强度的管控和引导，科学划定城市密度分区，合理调控城市密度分布。首先，结合密度梯度理论和山地城市密度分布空间分异的现实特征，依据建设用地统计和规划实施评估，展开对人均用地、平均容积率等控制指标的研究。其次，根据相关研究与分析，确立疏密有致的城市建设密度分区规划，逐步根据密度分区对土地开发强度进行管控，使城市用地建设形成整体紧凑集约、土地功能完善、空间秩序良好、风貌特征鲜明的新局面。

5. 结合地形进行立体开发

立体开发模式有助于利用最小的土地发挥出城市最大的效能，起到节约土地资源的作用，而山地城市独特的地形特征提供了更多立体上的可能性，包括交通枢纽立体化、立体的交通转换设施、地下空间利用、承上启下的人行步道、建筑之间的立体衔接等。立体化开发意味着一部分地面功能向上转移，从而留出更多地面空间作为人群活动的开敞空间；结合地形的立体化连接为各个位于不同地形台地的结构要素取得更多联系，在结构网络中承担重要的衔接作用。

6. 空间的复合利用

1）建筑外表面空间的复合利用

（1）策略一：建筑外表面空间与步行空间、静态交通和机动交通空间相结合。

在山地城镇中，对地形高差的合理利用可以将公共建筑屋顶标高与城市道路标高对接，从而将屋顶空间融入城镇公共空间网络，为城镇提供额外的公共活动区域。若条件允许，还可以结合屋顶空间设置建筑出入口，使公共建筑与不同标高的城市道路发生联系，从而提升建筑的可达性。在地形起伏较大、缺乏平缓用地的山地小城镇中，建造在公共建筑屋顶上的城镇广场甚至成为公共空间节点的主要类型。

（2）策略二：建筑外表面空间与绿化空间、农业生产空间相结合。

屋顶绿化不是城市绿化的主体，仅作为一种补充手段，单个建筑的屋顶能提供的绿化量或农业生产量也非常有限，但如果同时运用在多个建筑上，则可以产生规模效应，因此，若设计得当，其生态效益仍然是可观的。屋顶绿化和屋顶农业不仅能改善城市生态环境，也能改善建筑自身的物理环境。

2）建筑内部空间的复合利用

可通过恰当的处理方式让建筑内部空间参与城镇公共步行空间，甚至机动交通空间的建构，实现建筑内部空间的复合利用。

以机动交通空间或步行空间与建筑内部空间局部结合的方式来节约用地。例如，将若干建筑底层局部架空、让机动车道或步行道穿越。山地小城镇在面临地形高差时，常常通过构建连续的室外梯道来联系不同标高的城镇空间。然而在某些坡度较大、高低悬殊的地段，可参考建筑内部竖向交通体的做法，构建公共垂直交通体。

3）城市绿化空间的复合利用

城市绿化空间与停车场等静态交通空间结合；城市绿化空间与步行空间结合；城市绿化空间与自然生态空间及农业生产空间结合。

4）堡坎空间的复合利用

堡坎空间是山地城镇特有的开敞空间。堡坎坡度大，难以利用，一般是纯粹的工程护坡。但山地城镇土地资源匮乏，为了充分挖掘每一寸用地的潜力，也常常对堡坎空间进行复合利用，主要包括堡坎与绿化的结合、堡坎与步行空间的结合。

3.3.5　山地城镇土地可持续利用的主要影响因素

1. 山地地形、地貌对山地城镇建设和土地利用的影响

地形、地貌是最基本的自然地理单元，在地貌分类的影响因素中，基于 DEM 有诸多可量化因子，如坡度、坡向、坡长、剖面曲率、平面曲率、地面起伏度、地面粗糙度等，而对山地城镇土地利用"立体"特征影响最为显著的是坡度、高程、地形起伏度和地面粗糙度。这些因子在土地利用规划和城市规划中主要用于不同坡度等级的土地数量统计和适宜性分类，进而确定其利用方向，是确定和实现山地城镇土地利用"立体化"的关键所在。山地城镇土地立体化利用的核心内容之一就是对这些因子特征的识别、规划和因地制宜地利用。

（1）高因子。代表一个区域内土地利用高低变化的情况，是地形、地貌最直接的表达。在地形分类中，利用 GIS 分析技术对 DEM 数据进行高程分类，可以明显看出规划范围内海拔变化程度。当高程变化较大时，对原有地形的改造强度较大，反之较小，规划时可根据具体地形设定高程变化范围，进而确定高程变化对地形的扰动强度。

（2）坡度因子。指地表一定距离范围内，各点坡度的平均值，是地表形态最重要的基本示量。坡度对地形的影响较大，且在城镇规划建设中，坡度对用地系

的影响最大，因而利用坡度值对地形的复杂程度的研究相对较广，仅利用方向、方式和程度有所差异。通常利用 GIS 技术对地形进行分析，建立的 DEM 数据库，利用栅格数据坡度分析，可得出各类用地的适宜性等级和区域。

（3）地形起伏度。指在一定的规划范围内，地域表面范围内最高点与最低点高程之差。是描述区域地形的宏观性指标。

（4）地貌粗糙度。指地形一定范围内表面积与投影面积的比值，反映了地表宏观区域内地面的破碎度与受侵蚀程度，是描述区域地形的宏观性指标。

2. 山地地形、地貌的处理方式对山地城镇建设和土地利用的影响

与平原地区相比，山地城镇对地形的利用，往往伴随着土方量和投入强度大规模地增大，尤其是在台地整理、交通用地整理、居住区和工业区用地整理等方面较为突出，因此，可从土方量、交通的立体化建设等方面构建规划指标体系。主要包括以下内容。

（1）道路坡度（盘山、环山、高架桥、立交桥与隧道）；

（2）营造台地作为建筑场地（护坡、挡土墙的使用）；

（3）利用步道、连廊组织交通情况；

（4）在建筑内部处理（错层）；

（5）土方量和投入情况；

（6）各组团之间的相对高差控制；

（7）道路规划纵坡和横坡控制；

（8）挡土墙、护坡等工程治理面积及其与建筑的最小间距；

（9）相邻台地、阶地，以及各城镇组团之间的相对高差。

3. 山地城镇景观设计和空间布局对山地城镇建设和土地利用的影响

（1）山脊线即山脊生态廊道保留程度。山地城镇是与平原城市相对应的，山地城镇因其体现出来的主体景观和形态特征而有别于平原城市。其中一个较为明显的特征是，规划区的复杂地形所形成的规划用地内的山脊线。规划时可利用 GIS 的分析功能，标注地形的标高，从不同尺度的高程分析图中确定每个规划区内的山脊线（各制高点连线）。对于这些山脊线，在进行地形设计和规划时，要考虑将其作为重要的生态廊道或公共开敞空间保留。在规划时，可根据实地情况设定山脊线的破坏程度范围，进而确定其破坏或需要保留的等级和比例。

（2）用地混合度。既是交通、公共服务设施、居住区、工业区等与山地城镇土地利用协调度的表征，也是地形、地貌因子决定下的土地"立体化"利用的体现，也包含公共服务设施的可达性。规划时可根据需要确定其单项指标或综合指标。

（3）山地城镇空间布局模式。对于复杂的地形，要遵循优先布置主要功能项目的原则。在考虑城市的功能分区与用地发展时，要注意各个地段的建设条件，各地块之间及其周围地区的交通联系等。山地城镇的用地结构形态一般可以有带型、紧凑集中型、组团型、树枝型、串联式等。由于山地城市的地形比较特殊（平原城市是二维用地，而山地城市是三维用地），在自身空间形态构成方面，山地城镇比平原城市更有优越性。规划时，主要从宏观层面，根据地形、地貌特征确定其空间布局形态。

参 考 文 献

蔡运龙 . 2001. 土地利用／土地覆被变化研究：寻求新的综合途径 . 地理研究, 20（6）: 645 ～ 652

陈佑启, 杨鹏 . 2001. 国际上土地利用／土地覆被变化研究的新进展 . 经济地理, 21（1）: 95 ～ 100

程刚, 张祖陆, 吕建树 . 2013. 基于 CA—Markov 模型的三川流域景观格局分析及动态预测 . 生态学杂志, 32（4）: 999 ～ 1005

邓祥征 . 2008. 土地系统动态模拟 . 北京：中国大地出版社：135 ～ 139

邓祥征 . 2008. 土地用途转换分析 . 北京：中国大地出版社：78 ～ 83

邓祥征, 林英志, 黄河清 . 2009. 土地系统动态模拟方法研究进展 . 生态学杂志, 28（10）: 2123 ～ 2129

段增强, 张凤荣, 宇振荣 . 2005. 土地利用动态模拟模型的构建及其应用——以北京市海淀区为例 . 地理学报, 59（6）: 1037 ～ 1047

冯红霞, 李成, 张生瑞 . 2014. 基于 GIS 的城市空间布局与轨道交通的协调发展研究 . 西北大学学报（自然科学版）, 44（5）: 821 ～ 824

何春阳, 史培军, 陈晋, 等 . 2005. 基于系统动力学模型和元胞自动机模型的土地利用情景模型研究 . Science in China（Series D）, 35（5）: 464 ～ 473

何丹, 金凤君, 周璟 . 2011. 基于 Logistic, CA—Markov 的土地利用景观格局变化：以京津冀都市圈为例 . 地理科学, 31（8）: 903 ～ 910

何丹, 周璟, 高伟, 等 . 2014. 基于 CA—Markov 模型的滇池流域土地利用变化动态模拟研究 . 北京大学学报（自然科学版）, 50（6）: 1095 ～ 1105

侯西勇, 常斌, 于信芳 . 2004. 基于 CA—Markov 的河西走廊土地利用变化研究 . 农业工程学报, 20（5）: 286 ～ 291

胡绪江, 陈波, 胡兴华, 等 . 2001. 后寨河喀斯特流域土地资源合理利用模式研究 . 中国岩溶, 20（4）: 305 ～ 309

黄光宇, 陈勇 . 1997. 生态城市概念及其规划设计方法研究 . 城市规划,（6）: 17 ～ 20

黎夏, 杨青生, 刘小平 . 2007. 基于 CA 的城市演变的知识挖掘及规划情景模拟 . 中国科学（D 辑）, 37（9）: 1242 ～ 1251

黎夏, 叶嘉安 . 2002. 基于神经网络的单元自动机 CA 及真实和优化的城市模拟 . 地理学报, 57（2）: 159 ～ 166

李智广, 刘务农 . 2000. 秦巴山区中山地小流域土地持续利用模式探讨（以柞水县薛家沟流域为例）.

山地学报，18（2）：145～150

蒲卿，罗格平，陈曦.2005.LUCC 驱动力模型研究综述.地理科学进展，24（5）：79～87

刘明皓，王耀兴，李东鸿.2013.城市土地利用动态模拟研究进展.重庆邮电大学学报（自然科学版），
　　25（2）：207～214

刘淑燕，余新晓，李庆云，等.2010.基于 CA—Markov 模型的黄土丘陵区土地利用变化.农业工程学
　　报，26（11）：297～303

刘小平，黎夏，艾彬，等.2006.基于多智能体的土地利用模拟与规划模型.地理学报，61（10）：
　　1101～1112

刘小平，黎夏，张啸虎，等.2008.人工免疫系统与嵌入规划目标的城市模拟及应用.地理学报，63（8）：
　　882～894

刘彦随.1999.土地类型结构格局与山地生态设计.山地学报，17（2）：104～109

陆汝成，黄贤金，左天惠，等.2009.基于 CLUE-S 和 Markov 复合模型的土地利用情景模拟研究——
　　以江苏省环太湖地区为例.地理科学，29（4）：577～581

盛晟，刘茂松，徐驰，等.2008.CLUE-S 模型在南京市土地利用变化研究中的应用.生态学杂志，27（2）：
　　235～239

施云霞，王范霞，毋兆鹏.2016.基于 CLUE—S 模型的精河流域绿洲土地利用空间格局多情景模拟.
　　国土资源遥感，28（2）：154～160

史培军，宫鹏，李晓兵，等.2000.土地利用/覆盖变化研究的方法与实践.北京：科学出版社：
　　153～158

唐华俊，陈佑启，邱建军，等.2004.中国土地利用/土地覆被变化研究.北京：中国农业科学科技出版社：
　　93～97

田贺，梁迅，黎夏，等.2017.基于 SD 模型的中国 2010～2050 年土地利用变化情景模拟.热带地理，
　　37（4）：547～561

王纪武.2003.山地都市空间拓展研究——以重庆、香港为例.重庆建筑，（6）：21～23

王友生，余新晓，贺康宁，等.2011.基于 CA—Markov 模型的藉河流域土地利用变化动态模拟.农业
　　工程学报，27（12）：330～336

王贞超.2012.基于 GIS 和 MAS 的城市用地扩展模拟研究.南京：南京大学

魏伟，周婕，许峰.2006.大城市边缘区土地利用时空格局模拟——以武汉市洪山区为例.长江流域资
　　源与环境，15（2）：174～179

吴浩，梅志雄，李诗韵.2015.基于改进 CLUE—S 模型的土地利用变化动态模拟与分析——以广州市
　　增城区为例.华南师范大学学报（自然科学版），47（6）：98～104

许彦曦，陈凤，濮励杰.2007.城市空间扩展与城市土地利用扩展的研究进展.经济地理，27（2）：
　　296～301

杨国清，刘耀林，吴志峰.2007.基于 CA—Markov 模型的土地利用格局变化研究.武汉大学学报（信
　　息科学版），32（5）：414～418

杨青生，黎夏.2007.多智能体与元胞自动机结合及城市用地扩张模拟.地理科学，4（27）：
　　542～548

杨青生，黎夏，刘小平.2005.基于 Agent 和 CA 的城市土地利用变化研究.地理信息科学，2（7）：
　　78～93

张梅，雷国平，朱丹彤.2009.农业贫困县生态功能区划及环境友好型土地模式研究——以延寿县为例.
　　资源开发与市场，25（7）：616～618

赵米金，徐涛 . 2005. 土地利用 / 土地覆被变化环境效应研究 . 水土保持研究，12（1）：43 ～ 45

朱连奇，钱乐祥，刘静玉，等 . 2004. 山区农业土地利用模式的设计 . 地理研究，23（4）：479 ～ 486

Arsanjani J J，Helbich M，Vaz E N. 2013. Spatiotemporal simulation of urban growth patterns using agent-based modeling：the case of Tehran. Cities, 32：33 ～ 42

Clarke K，I-Ioppen S，Gaydos L. 1997. A self-modifying cellular automaton model of historical urbanization in the San Francisco Bay area. Environment and Planning B：Planning and Design, 24：247 ～ 261

Couclelis H. 1985. Cellular worlds：a frame work for modeling micro—macro dynamics. Environment and Planning A, 17：585 ～ 596

Kocabas V，Dragicevic S. 2006. Assessing cellular automata model behaviour using a sensitivity analysis approach. Computers Environment and Urban Systems, 30（6）：921 ～ 953

Kocabas V，Dragicevic S. 2013. Bayesian networks and agent-based modeling approach for urban land-use and population density change： a BNAS model. Journal of Geographical Systems, 15（4）：403 ～ 426

Lambin E F. 1997. Modeling and monitoring land—cover change processes in tropical regions. Progress in Physical Geography, 21（5）：375 ～ 393

Lambin E F，Baulies X，Bockstael N. 1999. Land-use and land-cover change： implementation strategy. http://www. ihdp. unu. edu/docs/Publications/Lucc/IHDP-Report 10.pdf

Ligtenberg A，Bregt A K，Lammeren R V. 2001. Multi-actor-based land use modeling： spatial planning using agents. Landscape and Urban Planning, 56（1-2）：21 ～ 33

Porter J R. 2005. GLP science plan and implementation strategy. http://www. ihdp. unu. edu/docs/Publications/Secretariat/Reports/report_53-GLP. pdf

Tobler W R. 1970. A computer movie simulating urban growth in the Detroit region. Economic Geography, 46：234 ～ 240

Torrens P M. 2006. Simulating sprawl. Annals of the Association of American Geographers, 96（2）：247 ～ 275

Turner ii B L，Ross R H，Skole D L. 1993. Relating land use and global land cover change. IGDP Report No. 24 and No. 5. Stockholm：Royal Swedish Academy of Sciences

Turner II B L，Skole D，Sanderson S，et al. 1995. Land-use and land-cover change science /Research plan. IGBP Report No. 35 and IHDP Report No. 7. Stochkholm：IGBP

Xian G，Crane M. 2005. Assessments of urban growth in the Tampa Bay watershed using remote sensing data. Remote Sensing of Environment, 97（2）：203 ～ 215

第4章　山地城镇土地可持续利用规划研究

4.1　山地城镇土地利用布局与平原地区的差异

与平原地区比较，山地城镇土地利用布局存在以下 3 个方面的差异。

4.1.1　宏观规划方面——空间布局及基础设施规模效应的差异性

1. 平原

平原地形，有条件进行集中连片开发的面积较大，在开发过程中，可以选择集中连片整体开发模式（图 4.1），提高基础设施的规模效应，土地利用率较高。

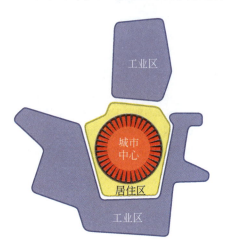

图 4.1　平原连片整体开发模式

2. 山地城镇建设区

区域所处的地理位置、海拔、地形坡度、气候、降水等条件具有差异，遵循"紧凑集中与有机分散""多中心、多组团结构""绿地楔入"等原则，区域发展的空间结构和规模多种多样。

　　"一园多片"的发展模式是山地城镇建设中常见的一种空间布局模式，主要指城市（镇）发展围绕一个经济中心，形成树枝状的发展结构模式。这种发展模式一般是山体、冲沟、水系等自然条件将城市（镇）或工业生产基地选择在冲沟或山谷之间的槽地或高地上，道路、交通等市政基础设施沿沟谷布置，从而形成了由一个中心向周围有规律地以扩散式发展的模式（图 4.2），如湖北十堰市、广西梧州市等。

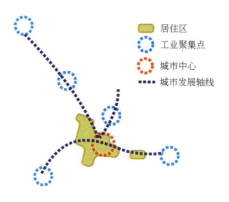

图 4.2　"一园多片"发展模式

　　"带状"发展模式是由于地形或自然地貌条件所限，开发建设用地沿丘陵、山谷或江河延伸，呈带状分布，形成带状长条空间结构（图 4.3）。"带状"结构一般可分为单中心带形结构和多中心带形结构两种：单中心带形结构一般只有一个城

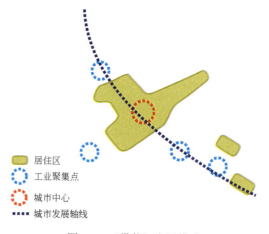

图 4.3　"带状"发展模式

市发展中心，城市发展的交通方向性很明显，适合规模较小、空间结构单一的区域，如重庆市石柱土家族自治县、湖南省吉首市等；多中心带形结构是由于单中心城市规模进一步扩大、社会经济条件进一步发展、单中心带状向多中心带状沿河谷的一侧或两侧发展而形成的，如甘肃省兰州市、重庆市万州区等。

"点群"式发展模式是工业、住宅的发展以一个点为城市中心区，集中紧凑的空间布局(图4.4)。这种布局可以有效地组织建设区域的生产和生活，节约建设用地，减少建设投资和运营费用，所以很适合城市发展的初期阶段。这种结构一般适合地形起伏、山水相间的丘陵或山区河谷地带，如四川省宜宾市、云南省丽江市等。

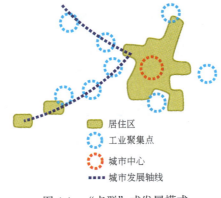

图 4.4　"点群"式发展模式

"飞地"式发展模式主要是因为地区发展受到某些因素（如地形）的较大限制（图4.5），工业区为距离城市中心较远，从而将城市分为不同的组团，城市功能区的主要空间发展方向性明显，如湖南省株洲市、四川省仁寿县等。

图 4.5　"飞地"式发展模式

4.1.2　微观工程建设方面——台地建设及各单项基础设施用地差异

由于山地地形高低不平，爬坡上坎，与平原地带一马平川相比，山地城镇在各项工程建设方面都会有区别。

1. 台地建设

由于山地地形比较复杂，地块坡度差别较大，场地竖向规划应采用平坡式和台地式相结合的方式。其中，场地坡度不大的用地主要采取平坡式，在用地布局上主要考虑建筑尺度比较大的企业，如传统的重工业一般在平坡式用地上选址；地形坡度大的用地在竖向上采取台地式，在用地布局上主要根据企业厂房依势而建，既可以集约利用土地，又能减少对山地工业园区自然生态环境的破坏，创建独具特色的山地城镇或工业园。

2. 道路建设

与平原交通不同，要实现山地之间的交通联系，除了要考虑水平位移以外，还特别需要考虑在竖直方向上的位移，使山地交通呈现出立体化的特点（图 4.6）。

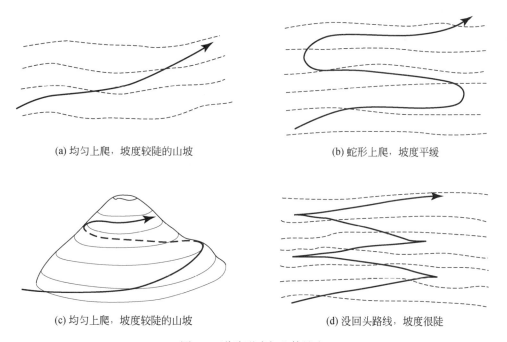

(a) 均匀上爬，坡度较陡的山坡　　　　　　(b) 蛇形上爬，坡度平缓

(c) 均匀上爬，坡度较陡的山坡　　　　　　(d) 没回头路线，坡度很陡

图 4.6　道路形式与山体坡度

3. 其他单项基础设施

护坡是由于山地地形变化使建筑与建筑、建筑与道路或户外环境之间出现高差而形成的，其坡脚与坡顶之间应建设成柔软的坡面，并用草坪或灌木、乔木加以绿化处理，以形成优美的室外环境。

挡墙是用以承受坡地地表的侧压力而设置的墙式构筑物，是山地城镇建设中常见的室外工程。挡墙按其特点可以分为重力式挡墙、锚固式挡墙、剁式挡墙等不同构造类型。挡墙的设置较护坡来说，减少了山地坡顶与坡脚的距离，节约用地，大大提高了土地利用率。

截洪沟是为防止雨水冲刷而在山岭、挡墙或护坡坡脚与道路之间设置的排洪沟。截洪沟主要有石砌或混凝土铺装式两种，其断面大小视山体或护坡集水面积而定。

与平原相比，山地城镇建设场地整备、道路车行与步行交通系统、地面排水与各类工程管网的平面位置与高程的确定都要因地制宜，最终选择合理、安全、可行的方案。

4.1.3 区域生态防护用地方面——生态保护及地质灾害防治压力的差异

由于山地具有特殊的地形条件，山地区域的生态敏感性较平原地区来说更高，对生态环境保护的需求也尤为迫切。然而，凡是进行人工开发建设，必然会对生态环境造成一定的影响。因此，开发建设活动对山地区域的生态环境的影响较平原地区更大，开发建设活动与生态环境保护之间的矛盾也更多。山地生态环境的敏感性要求在对其用地进行开发建设的过程中，要谨慎动土、保护植被、精良合理地利用原有的地形地貌，宜建则建，宜林则林，以保证山地生态环境的可持续发展。这样，在建设开发区域内，必然有大量土地不能进行建设开发。

综上所述，山地城镇建设开发必须依山就势，土地利用必须立体规划和布局。在土地利用结构上，山地城镇可以直接用于建设开发的土地比平原少得多，相当一部分土地只能用于生态建设、边坡防护和公共基础设施建设，土地利用效率（可供应建设用地占项目区的比例）比平原低很多。

4.2　山地城镇土地利用效率的理论研究

4.2.1　山地城镇土地利用效率的理论模型

土地利用效率是指山地城镇建设开发区域范围内可供应建设用地占建设开发区面积的比例。

目前国内外学者对土地利用率方面的研究主要集中在土地细碎化、土地流转、农地整理等方面，鲜见针对山地城镇建设开发与平原地区之间的土地利用率差异相关理论研究，只在工程设计及城市规划有关建设开发场地等规范及要求中对某些单项因素有所规定。本理论模型的研究建立在一定的理想环境假设的基础上，依据现有的建设用地开发及城市规划方面的规定对山地城镇建设用地开发的土地利用率与平原地区的差异进行探讨。

1. 假设

（1）在城市（镇）建设中，将城市（镇）用地分为道路、建筑和绿地三大类，其他用地所占比例较小，如给排水设施等可在道路下面布设的基础设施不需要占用单独的用地，可以忽略不计。

（2）平原的坡度是最适合城市（镇）建设的 2°～3°，这里取 3° 为理论模型中的平坝坡度。

（3）理论模型研究的山地城镇建设区域是 8°～25° 的标准圆锥体型山，即从山脚到山顶的坡度是固定不变的。

注：在不同地区的研究中，平原和山地城镇区域的坡度区间及范围可根据不同的区域特点进行调整，本理论模型主要提供方法参考。

2. 理论模型

1）总体模型

$$S_{地}=S_{路} \times C_1 + S_{建筑} \times C_2 + S_{绿地} \times C_3$$

式中：$S_{地}$ 为城市（镇）用地中进行建设的总面积（不包括地质灾害点、冲沟、水系、河流、基本农田、自然保护区等不可建设区域）；$S_{路}$ 为城市（镇）建设中主要道路的总面积；C_1 为城市（镇）用地结构中交通道路用地所占比例；$S_{绿地}$ 为城市（镇）建设中主要建筑物占地的总面积；C_2 为城市用地结构中建设用地所占比例；$S_{绿地}$ 为城市建设中生态绿地的总面积；C_3 为城市用地结构中生态绿地用地所占比例。

2）分项研究

（1）$S_{路}$。

在平原（3°）中，假设 A、B 两点之间是 1km，那么 A、B 两点之间的高差是 tan3° × 1000m=0.052 × 1000m=52m；以 15° 的山地城镇区域（15° 的标准圆锥体型山）为例，假设 C、D 两点之间的距离是 1km，那么 C、D 两点之间的高差 tan15° × 1000m=0.268 × 1000m=268m。根据《城市建设用地竖向规划规范》（CJJ 83—2016），城市道路用地的最大坡度是 8°，则 C、D 两点不能直接布设直线道路，需要在满足道路坡度低于 8° 的前提下进行适当绕路。在两点间同为 1km 的距离时，平坝（3°）可达到的高差是 52m，15° 的山地城镇区域（15° 的标准圆锥体型山）可达到的高差是 268m，所以在交通道路用地方面，15° 的山地城镇区域（15° 的标准圆锥体型山）的交通道路用地应为平原（3°）的交通用地的 5.154 倍。

（2）$S_{建筑}$。

在山地城镇建设中，一般将山地作为台地进行利用，那么与平原相比，最终可利用的建筑面积必须减去护坡占地面积。

根据小区设计经验，建筑之间的最大楼间距是 20m，楼房的宽度一般最小 10m，最大 17m，这里采用中间值 15m，则两个楼房之间的间距是 35m。在 15° 坡时，35m 的间距可形成 tan15° × 35m=0.268 × 35m=9.38m 的高差。

根据一般的边坡支护方案，放坡比例是杂填土 1：1，粉质黏土 1：0.5，粉土 1：0.75，强风化泥岩 1：0.35，中风化泥岩可以垂直开挖。如果开挖的土质为中风化泥岩，则边坡可做成垂直开挖的，即边坡可不占地。如果是 15° 的粉质黏土，则 35m 平坝时，中间 35m 间距的地方都可以进行建设（道路或绿地等），35m 间距 15° 坡时，中间可利用的距离为 35m-9.38m × 0.5=30.31m，即 15° 坡与平原之间的用地比例为 1.155：1。在这里，可将两个楼房之间的距离设为 a，那么平原与 15° 坡之间的用地比例为 a：a-0.5 × tan15° × a=1.155，所以楼房间距对这一比例的影响可消除，主要是坡度的变化。

（3）$S_{绿地}$。

坡度对绿地的建设限制不大，因此，假定山地城镇区与平原的绿地用地比例为 1。

（4）$S_{地}$。

假设 $S_{地}$ 是 15° 山地城镇区域，路、建筑和绿地的用地比例为 0.15、0.45、0.4，则 15° 山地城镇区域与 3° 平原区域的用地比例是（5.154 × 0.15+1.155 × 0.45+1 × 0.4）：1= 1.693：1

也就是说，即使不考虑地形地貌限制、不能建设开发利用的土地和生态保护及地质灾害防护必须占用的土地，仅从建设开发来说，山地城镇建设开发的土地利用效率只是平原地区的 59.1%（1/1.693）。

在以上土地利用率理论模型研究中，仅从山地的坡度进行用地的考虑，忽略了不同地形类型对土地利用率的影响。例如，在《中国综合地图集》中通过绝对高度和相对高度将地形类型分为了极高山、高山、中山、低山和丘陵五种，如表 4.1 所示。

表 4.1　中国地形分类

名称		绝对高度 /m	相对高度 /m
极高山		>5000	>1000
高山	深切割	3500 ~ 5000	>1000
	中等切割		500 ~ 1000
	浅切割		100 ~ 500
中山	深切割	1000 ~ 3500	>1000
	中等切割		500 ~ 1000
	浅切割		100 ~ 500
低山	中等切割	500 ~ 1000	500 ~ 1000
	浅切割		100 ~ 500
丘陵		一般 <500	<200

资料来源：《中国地理丛书》编委会 .1990.中国综合地图集 .北京：中国地图出版社。

首先，从土地利用率来看，相对高度较大的地貌类型，其地形破碎度低，只要坡度是在适合建设的 25° 范围以内，都可以进行利用；而对于丘陵来说，相对高度较小，地形破碎度较高，在进行土地利用时，丘陵与丘陵之间可能存在不完全的土地利用，则其利用率就会降低。这些问题在以后对理论模型的研究中将进行深入的研究。

其次，在进行具体的山地城镇开发时还应考虑区域的地形特征，如山脊、山谷等。由于山地城镇区域开发是在 25° 坡以下区域进行的，梯台可划分为不同标高的多层梯台或单层梯台进行，应结合开发区域土壤质地、地基承载力、土地平整工程量和城市建设成本等，综合确定山地城镇建设开发的边坡坡度和梯台层数。

4.2.2　云南省山地城镇建设项目区土地利用结构的实地调查分析

本书开展了云南省山地城镇土地开发典型建设项目区的实地调研，实际走访项目区 63 个，信函调查 57 个，涵盖云南省 12 个州（市）、35 个县（市、区）。由实地踏勘调研和函调情况汇总分析可以看出，造成山地城镇建设区域土地利用率差异性的影响因素可以概括为自然条件限制和人为利用方式影响两个主要方面。

自然条件包括地形地貌、地质和生态环境因素等，在山地城镇土地开发过程中，立足于生态优先与安全经济的原则，高程、坡度等因素影响了建设用地的布局、道路交通的选线，且随着坡度的增加，建筑布局的限制性和道路交通选线的复杂性也不断增强。同时，开发区域的不利地质条件造成建设的避让，以及更多地质灾害防治工程设施的修建，也是土地利用率降低的直接影响因素。此外，在开发过程中重点考虑山地生态系统的脆弱性与敏感性，生产建设和人类活动尽量减少对自然生态环境的扰动和破坏，较为健全的生态环境基础设施的修建也必然增加建设用地的规模。

人为利用方式的差异包括建设项目区的区位选择、山地城镇区域空间开发模式的确定等。从云南省的实际情况看，区位条件较好的项目区，道路交通等基础设施用地比例相对较低，市政工程中的生态环境基础设施可依托临近城镇，也无需单列修建，使得土地利用率有一定程度的提高。此外，区域空间开发模式应当因地制宜，开发模式的不同会造成挡墙、护坡等设施占地的差异，进而造成土地利用率的变化，但是要综合用地空间、用地成本、用地效益等多项因素科学确定开发模式。

山地城镇区域土地利用率差异性影响因素除以上两个主要方面以外，在实际工程项目建设中，还有技术和投资的影响。例如，在相同坡度、相同水文工程地质条件下，修筑同样功效的边坡，由于技术的限制和总投资控制的影响，在保证安全的前提下，边坡工程的占地面积通常随着技术的改进而减少，同时，随着总投资的增加而减少。所以，技术和可投入的资金量也是影响土地利用率不可忽略的因素。

对已批准的山地城镇建设项目区土地开发案例数据的汇总分析表明，山地地形坡度是影响土地利用结构和建设用地利用率的重要因素。随着坡度增大，可建设开发有效面积占建设项目区土地面积的比重不断减小，土地利用率随着坡度的增大呈现明显的下降趋势；生态绿地面积占建设项目土地面积的比重随着坡度的增大不断增加。边坡建设占建设项目区土地面积的比重在 8°～15° 和 15°～25° 时最大，公共道路建设占建设项目区土地面积的比例随着坡度的增大而有所增大，但坡度大于 25° 时，由于道路施工难度大，道路建设开发面积比重有所减小。详见图 4.7、图 4.8 和表 4.2。

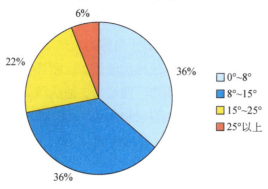

图 4.7　不同坡度级可建设开发有效土地面积占建设项目区比重

表 4.2　各坡度平均土地利用率汇总

坡度	平均土地利用率 /%
0 ～ 8°	72.32
8° ～ 15°	67.56
15° ～ 25°	72.00
>25°	50.97

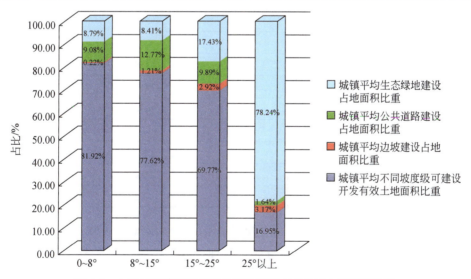

图 4.8　山地城镇建设项目区各用地类型占项目区土地面积比重

4.2.3　山地城镇土地利用效率的影响因素

本书选取了云南省已经批准的 167 个山地城镇建设项目区，对山地城镇土地利用效率的影响因素进行计量经济学的定量分析研究。选取的项目区分布在云南省大理白族自治州（简称大理州）、红河哈尼族彝族自治州（简称红河州）、丽江市、临沧市、普洱市、德宏傣族景颇族自治州（简称德宏州）、文山壮族苗族自治州（简称文山州）、西双版纳傣族自治州（简称版纳州）、昭通市、玉溪市、保山市、楚雄彝族自治州（简称楚雄州）、昆明市、曲靖市、迪庆藏族自治州（简称迪庆州）15个州（市），主要地貌类型有构造侵蚀地貌、中山切割形低中山山地地貌、盆地类型、不规则山坡地、喀斯特地貌，社会经济发展水平也存在较大差异。项目区分布情况如表4.3所示。

表 4.3　项目区分地域自然条件统计表

项目区	项目区个数/个	城市化率/%	总面积/hm²	年均降水量/mm
大理州	14	0.13	7119.75	991
红河州	13	0.23	7381.38	1249
丽江市	6	0.23	2411.79	971
临沧市	10	0.11	306853	1352
普洱市	14	0.22	5363.32	1574
德宏州	5	0.27	3127.19	1530
文山州	11	0.09	5759.75	1127
版纳州	8	0.31	5790.22	1248
昭通市	4	0.11	1880.94	985
玉溪市	10	0.16	101207.87	903
保山市	10	0.09	6403.12	1723
楚雄州	15	0.14	5770.59	670
昆明市	24	0.25	11100.12	827
曲靖市	22	0.17	10859.98	1030
迪庆州	1	0.17	53.47	945

研究表明，影响山地城镇土地利用效率的因素分为宏观（区域）因素和微观（建设项目区）因素两个层次。经过反复筛选，作者认为有以下7个因素对山地城镇土地建设开发利用率有明显影响。

1. 区域层次因素

1）区域产业结构

随着经济的发展，产业结构高级化，即由第一产业向第二产业和第三产业逐级转移，大量的资本和劳动力随之转移，主导产业的生产部门能够累计优势，不断提高产出效益，进而提高城市土地利用效率。姜晓丽和张平宇（2012）利用规模报酬不变的 CCR 模型，分析了 2000 年以来辽宁沿海经济带的土地利用效率和影响因素，将辽宁沿海经济带城市按照投入 – 产出总体效率分为 4 种类型，得出第三产业比重、房地产业固定资产、基础设施配套、城市建设对园林绿地的占用等是影响该区域土地利用效率的主要因素。

我们通过对山地城镇建设项目区所在州（市）产业结构与项目区建设用地利用率进行相关分析，得出的结论是，两者相关性极高，相关系数达 0.8509，且呈正相关关系，即建设用地利用效率随着第二产业和第三产业产值的变化呈正相关变化（图 4.9）。

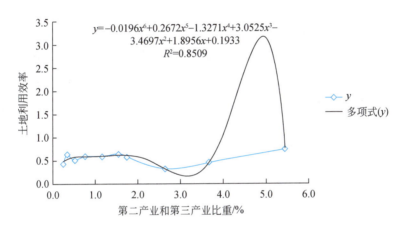

$$y = -0.0196x^6 + 0.2672x^5 - 1.3271x^4 + 3.0525x^3 - 3.4697x^2 + 1.8956x + 0.1933$$
$$R^2 = 0.8509$$

图 4.9　第二产业和第三产业比重 – 土地利用效率关系图

2）区域人均 GDP

人均 GDP 代表了经济发展水平。经济活动是人类社会最基本的活动之一，是提高城市土地利用效率的内驱动力。人均 GDP 越高，经济发展水平越高，消费能力越强，对建设用地的需求也越大。刘成刚等（2005）根据山东省 17 个城市的经济数据，采用人均 GDP 作为经济发展水平的代表，以地均 GDP、地方财政收入和地均利税总额代表用地效率，建立城市经济发展水平与用地效率的关系，方程表明两者呈正相关。杨志荣等（2009）通过应用数据包络分析法对 2005 年全国 30 个城市的城市经济与土地利用效率进行研究，结果显示，我国东部发达地区的土地利用效率高于西部地区，表明土地利用效率与区域经济发展水平有相当大的关系。

我们通过对山地城镇建设项目区所在州（市）人均 GDP 与项目区建设用地利用率进行相关分析，得出的结论是，两者相关系数达 0.7958，即建设用地利用效率随着人均 GDP 的变化呈正相关变化（图 4.10）。

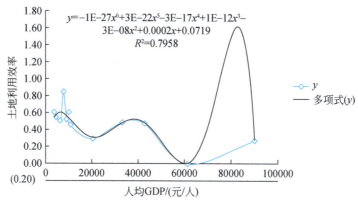

图 4.10　人均 GDP- 土地利用效率关系图

3）区域城镇化率

一个地区的城镇化水平反映该区域城镇工业发展的综合水平。城镇化率越高，对建设用地的需求越大。郭艺帆（2015）用数据包络分析法建立了建设用地利用效率评价模型，测算了1995～2013年长江三角洲经济圈中25个样本的建设用地效率，实证分析结果表明，非农人口比重增长 1%，建设用地相对效率将会增长 6.4%。梁流涛等（2013）采用 DEA 模型分组比较法研究全国地级以上城市土地利用效率的空间分异特征，结果显示，2011 年大陆地区 287 个市级以上城市土地利用效率空间差异较大，土地利用效率值较大的城市主要集中于城镇化水平较高的东部地区，而效率值较低的城市大都分布于城镇化水平略低的中西部地区。

我们通过对山地城镇建设项目区所在县（市）城镇化率与项目区建设用地利用率进行相关分析，得出的结论是，两者相关系数为 0.7279，即建设用地利用效率随着城镇化率的变化呈正相关变化（图 4.11）。

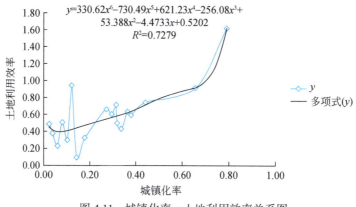

图 4.11　城镇化率—土地利用效率关系图

2. 项目区层次因素

1）地质灾害

地质灾害包括由自然因素或者人为活动引发的危害人民生命和财产安全的山体崩塌、滑坡、泥石流、地面塌陷、地裂缝、地面沉降等与地质作用有关的灾害。

云南省是我国的主要泥石流易发地区之一，金沙江沿岸、小江流域、龙川江流域、大盈江流域等地尤其多发。云南省的滑坡灾害也有很多，主要是自然因素综合作用所致，多发生在地震活动频繁、新构造运动强烈的深大断裂带上，一般极易在新构造运动强烈、降水量较大且较为集中、岩层土层松软、坡度较大的山地发生滑坡灾害。地质灾害类型是影响山地城镇建设开发安全性的重要因素，山地城镇建设项目区不能布局在有高地质灾害危险等级的区域，即使项目区存在中等及以下地质灾害危险，也必须采取防灾措施，从而加大了山地城镇建设开发的难度和成本。因此，它是影响山地城镇建设开发土地利用率的重要因素之一。

对云南省已批准的山地城镇建设项目区进行统计分析得出，项目区内的地质灾害主要分为不易发区、中易发区、高易发区三种类型，其中，不易发区平均建设用地的土地利用效率最高，高易发区最低。

2）地形地貌

地貌是指地球的表面形态，是土地这一地球表层自然客体的重要组成部分。地貌条件是城市形成和发展的自然基础，对各类建设用地的结构、形态、功能、景观有非常重要的影响。区域的地貌格局、地貌类型、河流等地貌条件与城镇的形成和发展有很大的相关性。

对云南省已批准的山地城镇建设项目区进行统计分析得出，项目区的地貌类型主要分为构造侵蚀地貌、中山切割形、低中山山地地貌、盆地类型、不规则山坡地、喀斯特地貌六种地貌类型。通过对项目区的每一类地貌类型土地利用率的平均值进行测算，地貌类型对土地利用率的影响程度依次是，低中山山地地貌 > 中山切割形 > 不规则山坡地 > 构造侵蚀地貌 > 盆地类型 > 喀斯特地貌，如表 4.4 所示。

表 4.4　不同地貌类型与山地城镇建设用地的土地利用率

地形地貌类型	土地利用率平均值
低中山山地地貌	0.37
中山切割形	0.51
不规则山坡地	0.51

地形地貌类型	土地利用率平均值
构造侵蚀地貌	0.53
盆地类型	0.56
喀斯特地貌	0.59

3）森林覆盖率

林地是国家的重要自然资源和战略资源，是森林赖以生存和发展的根基，是野生动植物栖息、繁衍，以及生物多样性保护的物质基础。加强林地保护利用管理，提升森林资源承载能力，是应对气候变化、保障国土生态安全、统筹人与自然和谐发展、推进生态文明建设的首要任务。在山地城镇建设开发过程中合理保护和利用林地尤为重要，只有合理地保护和利用林地，才有利于提高山地城镇开发建设的效率。

对云南省已批准的山地城镇建设项目区进行统计分析得出，项目区生态绿地面积占建设项目区土地面积的比重，随着坡度的增大不断增大，如表 4.5 所示。

表 4.5　分坡度级生态绿地面积占建设项目区土地面积的比重

坡度	0～8°	8°～15°	15°～25°	>25°	总计
占地比例 /%	27.11	31.52	40.69	50.80	33.59

4）地形坡度

山地城镇建设项目区所在山体的地形坡度将直接或间接地影响到建设用地的利用强度。辨识不利地形条件的分布范围，如地形太过陡峭的山体，其建设开发的挖填量较大，且容易引发地质灾害，其开发与灾害防治成本均偏高，作为建设发展用地使用时既不经济，而且安全性也差。

根据《建筑设计资料集 6》，可以按照坡度的大小，将地形坡度划分为六种类型，地形坡度的分级标准及建筑关系见表 4.6。另外，地形坡度对道路选线也有极大的控制作用，是影响道路平面的控制因素。表 4.7 表明，公共道路建设占土地面积的比例随着坡度的增大而增大。

表 4.6　地形坡度分级标准及与建筑的关系

类别	坡度	建筑场地布置及设计基本特征
平坡地	3% 以下	基本上是平地，道路及房屋可自由布置，但需要注意排水
缓坡地	3%～10%	建筑区内车道可以纵横自由布置，不需要梯级，建筑群布置不受地形的约束

续表

类别	坡度	建筑场地布置及设计基本特征
中坡地	10%～25%	建筑区内必须设梯级，车道不宜垂直于等高线布置，建筑群布置受一定的限制
陡坡地	25%～50%	建筑区内车道必须与等高线呈较小锐角布置，建筑群布置与设计受到较大的限制
急坡地	50%～100%	车道必须曲直盘旋而上，梯道必须与等高线呈斜角布置，建筑设计需要做特殊处理
悬崖坡地	100%以上	车道及梯道布置极困难，修建房屋工程的费用大，不适宜做建设用地

注：摘自《建筑设计资料集 6》（第二版）。

表 4.7　道路曲线长度与坡度的关系

道路延长倍数　地形平均坡度 道路平均坡度	5°	10°	20°	30°	40°	50°
4°（5°最大）	1.3	2.5	5.0	7.5	10.0	12.5
6°（8°最大）	1.0	1.7	3.3	5.0	6.7	8.3
8°（10°最大）	1.0	1.3	2.5	2.8	5.0	6.8

注：摘自《山地城镇规划设计理论与实践》。

4.2.4　多层模型的计量经济分析

1. 理论假说与框架设定

基于山地城镇建设用地的土地利用率是研究重点，在以往相关学者研究的基础上，提出以下待检验假说。

假说 1：山地城镇建设项目区建设用地的土地利用率除受制于地区宏观因素和项目区微观因素的单向影响以外，地区宏观经济发展状况与项目区微观因素的互动效应对土地利用率的影响也很明显。

一方面，地区经济水平、开发技术能力和劳动力决定其是否具有山地城镇土地开发能力，政府的政策扶持也在其中扮演辅助推动作用。地区宏观经济和政策因素在某一程度上决定了山地城镇土地开发是否可行，国内已有学者从宏观角度对其进行研究，吴郁玲（2007）在其博士学位论文中从人口、经济、技术、政府 4 个方面探讨了我国土地集约利用的影响因素，于春艳（2006）认为人口密度、城市规模和土地价格是影响城市土地集约利用的主要因素。另一方面，除地区宏观因素以外，项目区层次因素对山地城镇建设用地的土地利用率也产生了实质性的影响，项目区的坡度水平、地质灾害类型等决定了土地开发的难易程度，特别是云南山地城镇建设项目区，独有的地形地貌和生态特色影响着土地开发的成本，从而加大项目区土地开发的利用程度。已有众多学者从微观角度分析项目区微观因素对山地土地利用效率的综合评价影响。但不容忽略的是，在项目区的微观因素中，除了某些生态自然条件以外，地区宏观因素对项目区的土地开发成本、交通便利程度、生态保护等综合作用，最终才影响土地开发利用，而地区整体生态环境因素又在一定程度上制约了地区经济和劳动力流动，从而抑制地区宏观因素的效应，因而在研究山地城镇建设用地的土地利用率时，将地区宏观影响与项目区因素分开，而忽略彼此之间的互动效应是不符合实际的。基于此，本书将考虑宏观层次与项目区微观层次的互动效应，综合考虑山地城镇建设用地的土地利用率，力求得到更为有效的结论。

假说2：山地城镇土地开发的主要目的在于提高建设用地利用率，从而谋求地区更大的经济效益，但以项目区的生态平衡和稳定为目的的生态效益也应彰显，因此，在研究山地城镇建设用地的土地利用率时，应着重考虑生态因素的影响和变化程度，寻求经济效益与生态效益的协调发展。

一直以来，城市土地开发都过多强调土地价格、开发成本等经济角度，而忽略生态安全与稳定，显然，"以牺牲生态环境换取经济效益"的发展模式在现代社会已不可持续，应以追求经济效益与生态环境效益的双重协调，达到合理土地开发，促进地区经济发展，以及保护地区生态和谐的可持续发展目的。在山地城镇建设项目区，如何保证原有生态平衡不被完全颠覆，寻求一种生态与经济发展的平衡，显得尤为重要。本书将以云南省167个山地城镇建设开发项目区为样本，重点依托项目区自然生态因素，探讨在固有的坡度、地形地貌等自然条件下，谋求最合理的建设用地的土地利用率。

2. 框架设定

基于山地城镇建设用地的土地利用率存在明显的区域和项目区两个影响维度，本书将从以上两个维度综合探究山地城镇建设用地的土地利用率，同时也验证以上理论假说。受山地自然生态条件的影响，可建设开发的土地资源供给受到的限制较多，影响山地城镇项目区的建设用地利用率。

以地区经济水平、产业结构和人口结构（城镇化率）作为地区宏观因素，以地质灾害类型、地形地貌类型、坡度结构和生态林地面积作为项目区微观因素，如图 4.12 所示，从单向效应和互动效应两个角度分析其对山地城镇建设用地利用的土地利用率影响。

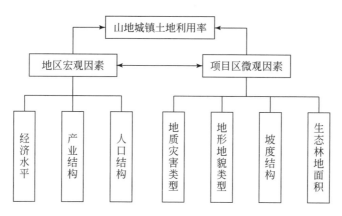

图 4.12　分析框架和逻辑结构示意图

3. 计量模型

为了克服传统分析的局限性，结合本书研究的数据特点，本书选择多层线性模型进行假设检验。多层线性模型在对不同区域数据和项目数据进行回归，假设项目区样本间的测量误差相互独立，区域层次带来的误差在不同地区之间相互独立，进而将误差分解为两部分：一是项目区样本间差异带来的误差；二是隶属不同区域所带来的误差。结合本书研究问题与传统数据回归，多层线性模型至少有以下几个方面的优势：第一，可形成跨水平层次的假设，考虑不同层次之间的互动效应，使其检验结果更为准确；第二，可以分离各水平内的方差和协方差成分，如把项目区层次变量的相关成分分解为区域层次的组内和组间成分；第三，对于模型的估计方法采用限制性最大似然估计（REML）。Littell 等（1996）和 Searle 等（1992）利用 REML 对第一水平和第二水平的方差 / 协方差进行估计，这种方法对样本数据量有一定的要求，在估计时，缺乏收敛意味着模型不拟合，或者数据样本量太少。REML 是以全残差项为基础，包含了所有来源的随机变异。当地区因素的数量不太大时，最大似然估计（ML）和 REML 所估计水平 1 的残差方差估计值差别不大，考虑到样本数较少，采用 REML 使估计结果更符合实际。

根据研究需要和数据特点，选择两层线性模型。使用的样本数据包括云南省 167 个低丘缓坡项目区和 108 个县级区域数据。选取项目区建设用地开发利用情况（con-rate）作为被解释变量。具体计算公式如下：

建设用地利用百分比=$\dfrac{(\text{项目区开发结束建设用地面积}-\text{项目区开发前建设用地面积})}{\text{项目总面积}}\times100\%$

选取产业结构（ind-rate）、人均 GDP（per-GDP）、城镇化率（unb-rate）3 个因素作为区域层次因素指标。其中，产业结构用第二产业与第三产业之比进行衡量；城镇化率用城市（镇）人口占总人口比重衡量；选取地形坡度（slo-rate）、地质灾害类型（geo-typ）、地形地貌类型（ter-typ）、生态林地面积（fro-rate）4 个因素作为项目区指标。其中，将项目区 15° 以下占比作为地形坡度指标，地质灾害类型分为不发育、低、中、高 4 个类型；地形地貌分为构造侵蚀地貌、中山切割形地貌、低中山山地地貌和其他类型。详见表 4.8。

表 4.8　相关变量描述统计

层次	指标	平均值	标准差	最大值	最小值	样本量
项目区层次	15° 以下坡度占比	0.45	0.25	0.97	0.02	166
	地质灾害类型	1.58	0.88	3.00	0.00	166
	地形地貌	1.94	1.08	1.00	4.00	166
	林地面积占比	1.98	2.55	19.98	0.00	166
地区层次	产业结构	1.19	0.79	0.25	5.46	108
	人均 GDP	17864.70	12993.76	3919.00	90017.00	108
	城镇化率	0.18	0.15	0.02	0.79	108

为保证模型估计的准确性，首先进行研究时不加入预测变量，考查随机误差项的方差是否足够大，设定无条件平均模型：

$$y_{ij}=\gamma_{00}+\delta_{0j}+\varepsilon_{ij} \tag{4.1}$$

式中，y_{ij} 为 j 地区 i 个体的结果；γ_{00} 为总平均值或总截距，属于固定参数；δ_{0j} 为地区层次的随机变量；ε_{ij} 为个体层次的随机变量，指第 j 地区的第 i 个体到第 j 地区截距的偏离。通过空模型，确定是否需要引入第二层次的变量来解释第一层次的回归系数或截距，当随机变量显著时，即当组内关联度系数 ACC 大于 0.059（Cohen，1988）时，需要采用多层模型。另外，由空模型可以得知地区特征对因变量的影响程度，它通过组间关联度系数 ρ 来反映，同时可以反映自变量对因变量的解释能力。

根据区域层次与项目区层次数据的特点，加入层次间的互动效应，构建二层线性模型，其与传统回归模型不同，模型中的截距和斜率不再假设为一个常数，而是一个随机变量，它们充当着第二层次水平的解释变量，具体的 HLM 设定如下：

$$(\text{con-rata})_{ij}=\gamma_{0j}+\gamma_{10}X_{1ij}+\varepsilon_{ij} \tag{4.2}$$

$$\gamma_{0j}=\gamma_{00}+\gamma_{01}Y_{1j}+\delta_{0j} \tag{4.3}$$

完整表达式

$$(\text{con-rata})_{ij}=(\gamma_{00}+\gamma_{01}Y_{1j}+\gamma_{10}X_{1ij})+(\delta_{0j}+\varepsilon_{ij}) \qquad (4.4)$$

式中，$(\text{con-rata})_{ij}$ 为项目区因素与区域环境的函数；X_{1ij} 为第一层次因素产业结构（ind-rate）、人均 GDP（per-GDP）、城镇化率（unb-rate）各个指标，Y_{1j} 为第二层次因素地形坡度（slo-rate）、地质灾害类型（geo-typ）、地形地貌类型（ter-typ）、生态林地面积（fro-rate）。式（4.2）和式（4.3）分别是个体层面（项目区层面）和地区（区域）层面的函数；γ_{01} 为地区特征的系数；γ_{10} 为个体特征的系数，代表个体因素对因变量的影响，它不会随区域因素而发生变化。通过该模型可以了解个体层次因素和区域层次因素对因变量的影响大小和解释能力。如果地区（区域）因素对因变量具有一定的解释力，则模型中地区间随机变量的变异值 σ_{n1} 会小于空模型中的变异值 σ_{n0}，由上述模型可以计算出地区（区域）因素对因变量的解释能力，计算公式为

$$R^2=\frac{\sigma_{n0}^2-\sigma_{n1}^2}{\sigma_{n0}^2} \qquad (4.5)$$

多层模型中 R^2 与普通线性模型不同，它反映因变量中可以被解释的部分（Singer et al.，1998；Snijders et al.，1999）。在完全二层线性模型中，可以通过比较 L_1 和 L_2 两个层次因素的符号来判断调节作用的方向，如果两者系数符号相同，说明第二层次变量能加强第一层次该变量对被解释变量的作用；若两者符号相反，说明第二层次变量能减弱第一层次该变量对被解释变量的作用。

4. 计量检验结果

本书采用限制性极大似然估计的迭代过程（iterative process）估计无条件平均模型，得到它们的被解释变量的组内相关系数 $\text{ICC}=\dfrac{\tau_0^2}{\tau_0^2+\sigma_0^2}=0.477$，表明建设用地土地利用率会随着所属地区不同而发生变化，约有 47.7% 的差异来源于地区间的差异。另外，根据 HLM 的经验判断准则，当 ICC 大于 0.059 时，就需要再构建统计模型中考虑如何处理组间效应。本书中的 ICC 明显大于临界值，属于高度组内相关，因此，需要考虑不同层次间的因素互动，而构建多层线性模型。

在 HLM 中对第二层次数据的 4 个变量以总平均进行了对中处理，其目的是使第二层次模型中的各个截距代表第一层次相应斜率系数的平均值。表 4.9 给出了 HLM 估计结果，从系数符号看，地质灾害、地形地貌、森林覆盖率、坡度结构 4 个指标在第一层次和第二层次中的符号均有不同，说明这第二层次变量都有削减第一层次变量对被解释变量的解释能力，说明项目区的地质灾害、地形地貌、坡度结

构越复杂，则区域社会经济等宏观因素对建设用地土地利用的影响越小。从 L_1 看，其变量系数解释与传统回归一致，地形地貌未能通过检验，而地质灾害与坡度结构对建设用地土地利用率呈负相关，这与前面的理论假设是相符的。具体而言，地质灾害每上升一个单位，在其他变量都保持不变的情况下，项目区建设用地土地利用率降低 0.0528 个单位；坡度结构每上升一个单位，在其他变量均不变的情况下，项目区建设用地土地利用率降低 0.1706 个单位。说明在整体上，项目区开发所处的自然条件能够影响土地利用率，自然条件越恶劣，项目区开发成本和风险越大，从而降低项目区建设用地土地利用率；森林覆盖率与建设用地土地利用率呈正相关，森林覆盖面积每提高一个单位，在其他指标不变的情况下，项目区建设用地土地利用率上升 0.1459 个单位，说明项目区林地绿化越好，整体项目区生态环境相对较好，有利于项目区土地开发，林地覆盖率犹如一把"双刃剑"，土地合理开发有利于经济效益与生态效益的双赢，但土地过度开发有可能导致项目区生态失衡而出现负向影响，因此，应保护项目区的生态平衡，确保土地开发与生态环境相协调。

表 4.9　多层模型估计结果

固定效应	系数	标准差	t 检验值	P 值
截距 γ_{0j}				
截距 γ_{00}	0.5729***	0.1380	4.4190	<0.001
geo-typ	-0.0528**	0.0441	-1.198	0.0330
ter-typ	0.0599	0.0411	1.459	0.1470
fro-rate	0.1459**	0.1828	0.798	0.0260
slo-rate	-0.1706*	0.1585	-1.077	0.0830
ind-rate β_1				
截距 γ_{10}	0.0306*	0.0577	0.530	0.097
geo-typ	0.0068	0.0272	0.253	0.801
ter-typ	-0.0289*	0.0316	-0.915	0.062
fro-rate	-0.0905	0.1175	-0.771	0.442
slo-rate	0.0371*	0.1210	0.307	0.059
per-GDP β_2				
截距 γ_{20}	-0.0000*	0.0000	-1.047	0.097
geo-typ	0.0000	0.0000	0.811	0.419
ter-typ	0.0000	0.0000	0.225	0.823
fro-rate	-0.0000	0.0000	-0.525	0.600
slo-rate	0.0000*	0.0000	1.834	0.069

续表

固定效应	系数	标准差	t 检验值	P 值
urb-rate β_3				
截距 γ_{30}	0.5172**	0.8332	0.621	0.036
geo-typ	−0.1556**	0.2463	−0.632	0.028
ter-typ	−0.1132*	0.2646	0.428	0.069
fro-rate	1.2848	1.1230	1.144	0.254
slo-rate	−1.5448**	0.7628	−2.025	0.045

***、** 和 * 分别表示在 1%、5% 和 10% 水平下显著。

在 HLM 估计结果中，在第一层次水平下，地质灾害和林地覆盖率两个指标通过 5% 的显著性水平检验，坡度结构通过 10% 的水平显著性检验，而地形地貌未能通过检验，说明地形地貌对建设用地土地利用效率影响不够明显。从第二层次因素对产业结构斜率的影响来看，地形地貌和坡度结构均通过 10% 的显著性水平检验，而其他两个指标未能通过检验，并且地形地貌与产业结构斜率负相关，坡度结构与产业结构斜率正相关，进而共同作用影响项目区建设用地的土地利用效率。第二层次因素对人均 GDP 斜率影响的系数均相对较小，说明第二层次因素作用于人均 GDP 而共同影响项目区土地利用率的效果并不明显。从第二层次因素对城市化率斜率的影响看，地质灾害和坡度结构均通过 5% 的显著性水平检验，地形地貌通过 10% 的显著性水平检验，并且 3 个指标与城市化率斜率负相关，说明 3 个生态环境指标均减缓地区城市化进程，并且 3 个指标通过作用于城市化率而影响地区建设用地利用效率作用明显。

总之，通过 HLM 检验，尽管项目区因素，如地质灾害、林地覆盖率和坡度结构第一层次和第二层次作用相反，弱化第一层次因素对建设用地土地利用效率的作用，但显著影响力仍然表现明显，这与相关理论相符，同时也验证了前面的假说一。另外，项目区因素作用于区域层次因素，进而共同影响项目区土地利用率显著，说明项目区因素和区域因素存在某种内在互动效应，进而共同影响土地利用，这也优于传统的回归，并且也很好地验证了原假说二。因此，在综合进行山地城镇建设项目区土地开发时，不能单一考虑区域层次因素，或者项目区层次因素，而是必须考虑二者的内在互动效应。另外，在进行土地开发时，固然应该考虑区域社会经济水平、项目区开发成本和相关政府政策等，但项目区的生态环境指标也必须纳入考察维度，在项目区土地开发的同时，有效、合理结合本地的生态特点，注重保护生态环境，最终达到土地开发中经济效益与生态环境效益的双赢。

4.3　山地城镇土地可持续利用规划要点

前文的理论分析和实证研究表明，山地城镇土地开发与平原区域有很大的差异，这就要求山地城镇土地利用规划应该具有自己的特点，必须坚持生态安全约束下土地可持续利用。作者认为，山地城镇土地可持续利用规划应该满足以下规划要求。

4.3.1　与平原城市不同，山地城镇土地可持续利用规划是三维立体的土地利用规划，依据山体不同位置和坡度，布局不同的土地利用类型，宜建则建，宜林则林

这就要求山地城镇土地可持续利用规划是生态安全约束下的土地利用立体规划。该规划的要点如下。

1. 优先布局生态用地

在山地城镇土地开发前，必须根据第 2 章的生态限制因子开展建设项目区生态适宜性评价，明确开发适宜性等级及其空间分布，形成山地城镇土地开发的生态约束。山地城镇建设开发职能选取生态最适宜等级作为拟开发区域（图 4.13）。

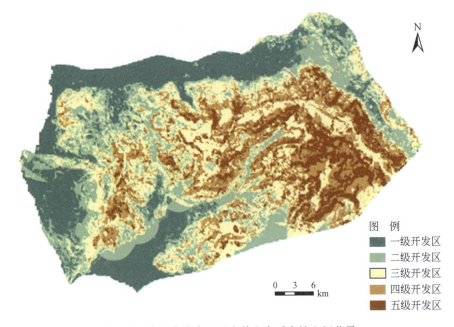

图 4.13　大理市海东区开发前生态适宜性空间分异

2. 生态约束下山地城镇土地立体开发布局

在对山地城镇生态安全影响因子分析的基础上，山地城镇建设区采用立体开发模式，充分利用地上和地下空间，并将地上和地下结合起来对整体进行竖向分区，在竖向分区的基础上，再对居住、绿地、交通等用地进行具体的立体开发规划（图 4.14）。

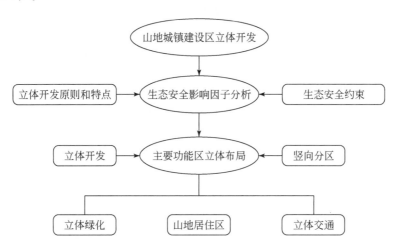

图 4.14　山地城镇建设区立体开发模式

其规划策略如下。

（1）策略———区域协同，构建"山环海抱城相融"的总体格局（图 4.15）。

从区域视角出发，整合大区域山水生态资源、城市人文资源等，构建"山-水-城"和谐相融的总体格局。

山环海抱：群山、湖泊或河流构成山地城镇建设项目区所在区域的天然生态基底，背山面水，是项目区最大的空间特质。

山城相依：山地城镇建设项目区应依山就势，或建城于半山，或筑城于高台，建设层次丰富的山地城市空间，形成山城相依的整体格局。

（2）策略二——生态优先，划定生态红线，维护山地生态环境（图 4.16）。

根据山地城镇建设项目区的地形条件、地貌特征等，以生态保护为优先准则，划定生态核心区、生态缓冲区、生态游赏区、集中建设区四类土地利用区域，构建多层次的生态保护体系。

生态游赏区：山顶区域作为一定区域的制高点，其地形较为平坦，景观视域极佳，适合低密度建设，打造成游赏节点。

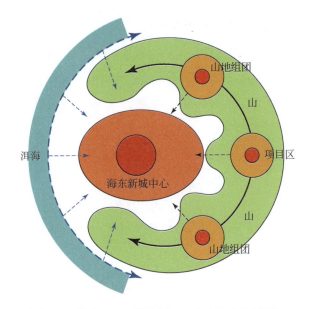

图 4.15 策略一：区域协同——大理海东案例研究

生态缓冲区：山顶周边区域地形相对平坦，坡度一般在 25° 以下，具有单侧较好的景观视域，适合低强度开发，保证较高的绿化率，作为生态缓冲区域。

生态核心区：山腰区域，地形坡度大，多在 25° 以上，工程难度大，不适合开发建设，宜作为生态保育的核心区域。

集中建设区：山脚区域，地形较为平坦，集中的宜建设用地面积较大，适合较大规模的城镇开发建设，但需要预留冲沟附近的生态缓冲区域，防止山洪等地质灾害的影响。

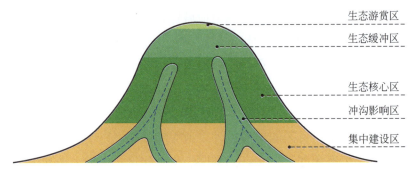

图 4.16 策略二：生态优先

（3）策略三——依山就势，分台布局（图 4.17）。

用地选择：结合项目区地形特征，划定不受地质灾害影响、坡度在 25° 以下、规模较大集中连片的区域作为项目区建设的主要区域；坡度在 25° 以上、受地质灾害影响等不适合建设的区域作为生态涵养区域。

依山就势：建设用地的布局宜结合地形，采用平坡式、台阶式和混合式三种形式，其中自然坡度小于 8° 时，宜规划为平坡式；自然坡度大于 15° 时，宜规划为台阶式；自然坡度为 8° ～ 15° 时，宜规划为平坡式与台阶式混合式。

有机布局：分组团布局建设用地空间，通过合适的交通组织方式将各组团有机连接。

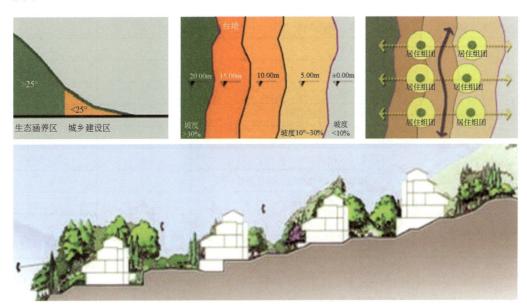

图 4.17　策略三：依山就势，分台布局

4.3.2　与平原城市不同，山地城镇土地可持续利用规划是多规融合的土地开发规划，不仅有土地使用控制，还有土地开发强度控制、建筑建造控制、用地竖向控制、生态环保基础设施用地控制等

根据山地城镇土地立体开发的实际要求，在梳理相关规划职能及具体指标的基础上，兼顾控制山地城镇建设项目区层面指标的实用性和可操作性，设置山地城镇建设开发土地可持续利用规划的主要控制指标，如表 4.10 所示。

表 4.10 山地城镇建设项目区层面土地可持续利用规划控制指标表

项目	规划控制要素	规定性指标	引导性指标
土地使用控制	建设用地空间增长边界	▲	
	土地使用兼容性		▲
	人均建设用地指标	▲	
	城市用地结构		▲
	建设项目地块规模	▲	
土地开发强度控制	容积率、建筑密度	▲	
建筑建造控制	建筑高度		▲
	最小建筑退线		▲
用地竖向控制	场地平整		▲
	道路与交通用地组织		▲
	立体绿化		▲
生态环保基础设施用地控制	城市绿线控制	▲	
	公共绿地、绿化廊道、绿化开敞区等		▲
	生活垃圾填埋场建设	▲	
居住区用地控制	居住区用地布局		▲
	生态型小区规划要求		▲

依据《城市用地分类与规划建设用地标准》（GB 50137—2011）中的要求，结合山地城镇土地开发特点，在山地城镇建设用地中，居住用地、公共管理与公共服务设施用地、工业用地、道路与交通设施用地，以及绿地与广场用地五大类主要用地规划占城镇建设用地的比例宜采取表 4.11 中的标准。

表 4.11 山地城镇土地可持续利用规划的城镇建设用地结构

用地名称	占城镇建设用地比例 /%
居住用地	25.0 ～ 40.0
公共管理与公共服务设施用地	5.0 ～ 8.0
工业用地	15.0 ～ 30.0
道路与交通设施用地	10.0 ～ 25.0
绿地与广场用地	10.0 ～ 15.0

建设项目地块规模。原则上应当按规划控制道路红线围合的街坊进行整体规划建设；对无法成街坊整体开发的用地，应当在同一街坊内整合周边可开发用地，统一开发建设。不能成街坊整体开发的商品住宅项目建设用地面积不得小于 $0.67hm^2$

（净用地 10 亩）。非住宅项目建设地块面积不得小于 0.20hm²，其中涉及高层建筑开发项目的建设地块面积不得小于 0.30hm²。不能被整合，且地块面积小于 0.2hm²或地块宽度（进深）小于 30m 的畸零建设用地，不得单独开发，原则上只能用于公共绿地、城市道路和公益性公共设施、市政设施等的建设。

建筑容量控制。土地开发强度控制原则：在项目区内，坡度较小的片区开发强度高，坡度较大的片区开发强度低；挖方地强度高，填方地强度低；生活服务设施用地强度高，生产市政设施用地强度低；开发强度与用地交通条件相适应。综合评定待开发区域环境对土地开发强度的承载能力，在符合土地利用总体规划及城市总体规划的前提下，综合山地区域已开发项目区域建设实际情况，横向比较国内其他山地城市规划建设指标控制要求，将山地城镇用地开发强度控制分区及各区域的控制标准确定如下：非开发强度地区，主要指绿地、水系、开敞空间、生态保护区等，其建设活动要经过生态环境影响评估，确定无碍后方可进行。此类地区的容积率在0.1 以下，绿地率应大于 98%。开发强度地区包括高强度开发地区、中等强度开发地区、低强度开发地区，均对容积率、建筑密度、建筑高度和间距、建筑物退让等进行了控制性规定研究。

4.3.3　与平原城市不同，山地城镇土地可持续利用规划更关注山地高程差对建设用地空间布局的影响，增加建设用地竖向开发的规划要求，包括项目建设场地的竖向布局、道路和公共设施系统的竖向布局、绿化的竖向布局，以适应山地立体特征

在山地城镇建设中，地块划分首先要考虑的因素是城镇安全，避免山体滑坡、塌陷、山洪等自然灾害，明确其防护边界在规划地形复杂、坡度变化突出的地区。地块划分是以相对平整的台地作为基准，兼顾防护坡的合理性和等高距的应用，同时汇入用地性质等多种要素共同来完成，不应局限于地块形状的完整度和规模的一致性。山体地形的特点决定了山地城镇的面貌不是平整的、平面的，而是立体的，具有多维度的城市特征。绿化不应该只按照原来寻常的状态而存在，应该从二维的平面中突围，跟随多维度的城市特征，向多维度立体的绿化发展，尊重和服从山地小空间地势特点，通过多维度、层次错落的立体绿化改变整个城市绿化面积与建筑硬地面积的比例，打破传统建筑、景观绿化的孤立关系的界面。

山地城镇不可能像平原城市（镇）一样进行网格式道路系统的布局，而是更多地采用结合地形的分散组团式结构与灵活自由式道路组织系统。在竖向规划设计过

程中，路网布局及竖向规划是核心，作为城市的骨架，重点应理清道路竖向与其他竖向的关系及控制方法。在路网布局及道路竖向设计过程中需要考虑周边地块的使用，两者相互联系和相互制约。片区路网及道路竖向设计是大片区区域协调控制的结果，同时地块对其四周的道路竖向起到制约和反馈作用。

山地城镇土地应该采用立体化开发方式（图4.18）。即位于同一平面坐标的土地空间在地表、地上、地下分层进行不同形式的开发利用。从利用形式上看，山地城镇的立体化利用形式呈现多样化。地上空间利用主要包括高压线走廊、立交桥、高架桥、地上轨道高架线路、空中步行连廊、骑街楼、地铁上盖物业等，地下空间利用主要包括地下人防工程、地下步行通道、地下停车场、地下交通枢纽、地下商业街、地下市政管线系统、地下市政场站等，还有地上、地表、地下综合开发利用的城市综合体。从利用特点上看，山地城镇地下空间利用深度以浅层和次浅层区域为主，即地下10～30m范围。山地城镇空间体系包括高层建筑、高架路、空中花园、人行隧道、地铁、屋面广场、阶商城、建筑中庭和室内步行街等要素。

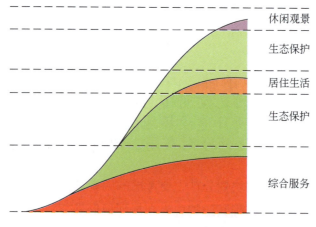

图4.18　山地城镇土地立体开发的功能布局示意图

4.3.4　与平原城市不同，山地城镇土地可持续利用规划更强调建设用地土地节约集约利用

1. 采用多样化的平面布局形式以适应地形变化

山地城镇土地平面布局应以"大分散、小集中"为总原则，综合运用点状布局里的行列式、围合式和散点式，以及线状布局里的直线型和折线型，使得建设用地布局能够适应复杂地形的变化，达到土地利用率的最大化。

2. 缩小建筑物的日照间距

坡度、坡向、高差等山地的特征元素对于缩小住宅的日照间距有显著效果，如南向坡地建筑物的间距比相同日照条件下的平原建筑物间距小。

3. 适当加大建筑密度和容积率

与我国香港及新加坡等山地城市相比，我国山地城市的建筑密度和容积率普遍偏低，还有较大的提升空间。在确定地块开发强度指标时，从节约用地的角度出发，在保证居住质量的前提下，适当提高建筑密度和容积率指标。

4. 开发利用山地城镇的地下空间

目前我国的地下空间利用远不如发达国家，山地城镇地下空间的开发利用还有广阔的前景，除了可以修建地下停车场以外，还可以用于建设地下住宅、地下公共服务设施等。

5. 北向坡的利用

北向坡地建筑物需要解决的主要问题是建筑物的日照采光问题。可以有两种构想：第一，利用相邻两栋建筑物的墙面反光为其中一栋的北向建筑物提供光源，即建筑物北向进光；第二，通过调整北向建筑物与等高线的夹角来使建筑物获得较好的朝向。

6. 道路交通组织

山地城镇的道路交通组织有其独特之处，如利用山地的地势高差，组织立体化的人行和车行网络，将人行和车行流线在空间上重合。山地城镇的路网结构应以"人车混行"的方式为主，只在少数地段，如集中公共绿地采用人车分行的模式。在采用人车分行时，要做到往立体方向发展，尽量少占地面面积，提高地面的空间利用效率。适当降低车行道路路网密度，鼓励步行交通。发展地下、地面等多元化的停车系统，设计时要充分利用地势高差，做好地下停车。充分发挥边角余地的价值，或将不适合做建筑物的背阳坡地做成停车场，提高土地利用率，减少道路和停车场地的占地面积。

参 考 文 献

陈亮 . 2012. 基于技术观的山地城市设计研究 . 重庆：重庆大学硕士学位论文

付晓光 . 2013. 多层模型在农村居民医疗服务利用影响因素分析中的应用 . 中国卫生统计，30（3）：
　　385 ～ 387

龚奕，周国华 . 2008. 基于土地利用分区思想的土地利用率探析——以湖南省益阳市为例 . 国土资源科技管理，25（5）：24～28

郭艺帆 . 2015. 长三角地区城镇化背景下土地利用效率研究 . 上海：华东师范大学硕士学位论文

何深静，左姣姣，朱寿佳，等 . 2014. 中国大城市贫困研究的多种测度与多层模型分析 . 人文地理，7（6）：74～87

黄光宇 . 1994. 山地城市规划建设与环境发展 . 北京：科学出版社：62～66

黄光宇 . 2003. 山地城市规划与设计作品集 . 重庆：重庆大学出版社：75～79

黄光宇 . 2005. 山地城市主义 . 重庆建筑，（1）：2～12

黄光宇，刘敏 . 2004. 山地文化特性及其对城镇发展的影响——以重庆市路孔古镇为例 . 规划师，20（11）：97～100

姜晓丽，张平宇 . 2012. 2000 年以来辽宁沿海经济带土地利用效率评价及影响因素分析 . 见中国地理学会：第七届全国地理学研究生学术年会论文摘要集 . 河南开封

梁流涛，赵庆良，陈聪 . 2013. 中国城市土地利用效率空间分异特征及优化路径分析——基于 287 个地级以上城市的实证研究 . 中国土地科学，27（7）：48～54

刘成刚，高桂平，庄军 . 2005. 山东省城市经济发展和土地利用效率的实证分析 . 经济师，（8）：257，259

卢济威，王海松 . 2000. 山地建筑设计 . 北京：中国建筑工业出版社：34～39

孙荣第，宋宇江 . 1991. 对建设用地提高土地利用率的探析——以鞍山市为例 . 地理学与国土研究，7（3）：12～15

田彦军，郝晋珉，韩亮，等 . 2003. 县域土地利用程度评估模型构建及应用研究 . 农业工程学报，19（6）：293～297

王希睿，吴群，许实，等 . 2015. 江苏省建设用地利用效率和全要素生产率的时空差异分析 . 中国土地科学，29（5）：77～83

韦小军 . 2003. 论山水形态中人居环境建设的哲学内涵 . 规划师，6（19）：63～65

吴丹，朱玉春 . 2012. 公共产品供给对农村家庭的影响——基于多层模型的实证研究 . 农业经济，12（1）：51～57

吴勇 . 2012. 山地城镇空间结构演变研究 . 重庆：重庆大学博士学位论文

吴郁玲 . 2007. 基于土地市场发育的土地集约利用机制研究 . 南京：南京农业大学博士学位论文

杨菊华 . 2006. 多层模型在社会科学领域的应用 . 中国人口科学，（3）：44～52

杨志荣，吴次芳，靳相木，姚秋萍 . 2009. 基于 DEA 模型的城市用地经济效益比较研究 . 长江流域资源与环境，18（1）：14～18

殷守敬，陈晓玲，胡海棠 . 2007. 多层模型方法及其在血吸虫病传播风险因子识别研究中的应用 . 中国卫生统计，24（6）：572～575

于春艳 . 2006. 城市土地集约利用研究 . 武汉：华中农业大学

Anselin L. 1988. Spatial Econometrics：Methods and Models. Dordrecht：Kluwer Academic Publishers：284

Browne WJ，Subramanian SV，Jones Goldstein H. 2005. Variance partitioning in multilevel logistic models that exhibit over-dispersion . Journal of Royal Statistical Society A，168：599～613

Cohen J. 1988. Statistical power analysis for the behavioral sciences（2nd ed.）. Hillsdale，NJ：Lawrenle Earlbaum Associates

Hoshino S. 2001. Multilevel modeling on farmland distribution in Japan. Land Use Policy，18（1）：

75 ～ 90

Jones K，Duncan，C. 1995. Individuals and their ecologies: analysing the geography of chronic illness within a multilevel modeling modeling framework. Health &Place，1（1）：27 ～ 40

Litt J S，Soobader M J，Turbin MS，et al. 2011. The influence of social involvement，neighborhood aesthetics，and community garden participation on fruit and vegetable consumption. American Journal of Public Health，101（101）：1466 ～ 1473

Littell R C，Milliken G A，Stroup WW，Wolfinger RD. 1996. SAS system for mixed models. SAS institute Inc.，Cary，North Carolina

Maas CJM，Hox JJ. 2004. Robustness issues in multilevel regression analysis. Statistica Neerlandica，58(2)：127 ～ 137

McConnell W，Moran EF. 2001. Meeting in the Middle: The Challenge of Meso-level Integration. An International Workshop on the Harmonization of Land Cover Classification. Bloomington: LUCC Report Series NO. 5. IndianaUniversity

Overmars KP，De Koning GHJ，Veldkamp A. 2003. Spatial autocorrelation in multi-scale land use models. Ecological Modeling，164（2-3）：257 ～ 270

Overmars KP，Verburg PH. 2005. Multilevel modelling of land use from field to village level in the Philippines. Agriculture Systems，89（2）：435 ～ 456

Pan W，Bilsborrow RE. 2005. The use of a multilevel statistical model to analyze factors influencing land use: a study of ecuadorian amazon. Global and Planetary Change 47（2-4）：232 ～ 252

Searle SR，Casella G and Mc Culloch CE. 1992. Variance Components. J. Wiley，New York：528

Singer J D. 1998. Using SAS PROC MIXED to fit multilevel models，hierarchical models，and individual growth models. Journal of Educational and Behavioral Statistics，24（4）：323 ～ 355

Snijders T，Bosker R. 1999. Multilevel Analysis: an Introduction to Basic and Advanced Multilevel Modeling. Sage，London，UK

Subramanian SV，Acevedogarcia D，Osypuk TL. 2005. Racial residential segregation and geographic heterogeneity in black/white disparity in poor self-rated health in the US: a multilevel statistical analysis. Social Science&Medicine，60（8）：1667 ～ 1679

Vance C，Geoghegan J. 2002. Temporal and spatial modeling of tropical deforestation: a survival analysis linking satellite and household survey data. Agricultural Economics，27（3）：317 ～ 332

Vance C，Iovanna R. 2005. Analyzing spatial hierarchies in remotely sensed data: Insights from a multilevel model of tropical deforestation. Land Use Policy，23（3）：226 ～ 236

Walsh SJ，Crawford TW，Welsh WF，et al. 2001. A multiscale analysis of LULC and NDVI variation in Nang Rong district，northeast Thailand. Agriculture Ecosystems&Environment，85（1 ～ 3）：47 ～ 64

Zhang J，Niu JM，Buyantuev A，et al. 2014. A multilevel analysis of effects of land use policy on land-cover change and local land use decisions. Journal of Arid Environments，108（3）：19 ～ 28

第5章　山地城镇土地可持续利用的国际经验与典型案例

5.1　国外山地城镇土地建设开发概述

随着全球一体化的逐步建设，世界经济水平开始进入飞速发展阶段，然而人类对自然资源的摄取、使用及破坏越演越烈，人与自然之间的矛盾也日趋激烈，有关山地城市的开发建设开始进入一个蔓延发展的阶段。同时，山地作为一种特殊的生态系统，不仅向人类提供赖以生存的自然空间，还向人类提供了水源、动植物、各类矿藏等维持生存所必需的自然资源，同时，山地生态系统还控制着陆路形态与空间结构，驱动流域生态过程，保证物种多样性整体格局，承载生物之间的资源供给和调节生态系统平衡功能，山地由于其特殊的区位环境因素，也出现了山地系统中人类聚落的多样性，影响着各个国家、各个民族之间的文化差异。如何合理开发和利用山地地区，并保障山地地区自然资源的可持续利用与发展，已成为国际社会和有关研究机构日趋关注的重要问题。山地自然资源主要包括水资源、矿藏资源、农业资源等，这些资源为山地城市的有效发展提供了大量生产原料，是山地城市生活发展的基础，也是保障城市生命的最基本生存条件。在山地城市发展过程中，稳定的地质基础、免受自然灾害侵袭的高程环境和区域适中的地形地貌是山地城市建设的基本条件，也是保证山地城市安全发展的必要条件；在古代，为了应对部落之间频繁的冲突，保障部落的安全发展，山地地形的军事战略地位也是保证山地聚落发展的条件之一；随着当前经济的飞速发展，贸易往来更加密切，山地城市建设选址也需要良好的交通运输条件。

目前，针对国外山地城镇土地建设开发的研究尚少，很大程度上是对山地生态系统的生态环境、自然灾害、经济发展的关注，并且大多集中在生态学和地质学层面的分析上。在山地的可持续利用研究方面，虽有各个学派和不同的研究视角，但并没有固定的研究内容和方向。本书在借鉴前人研究的基础上，通过梳理国外山地城镇开发的先进经验，构建对国外山地城镇土地建设开发的研究框架，从山地城镇建设过程中的生态补偿政策、土地可持续发展制度和构建生态安全格局三大方面进行实证阐释，进而对我国山地城镇土地可持续利用的合理规划和发展提供一定的借鉴意义。

在城镇建设用地日益紧张的今天，由于施工材料的多样化和建筑技术的提升，城镇建设过程中对地形地貌的改造和利用变得相对轻松，目前的城市发展逐渐呈现出平原地区走向山地地区，落后山区加大力度建设的发展状况，对山地区域的建设，尤其是对山地城镇的建设，引起了国际相关组织的重视。山地城镇空间形态的研究在整个城市发展规划中的理论和实践层面有着至关重要的地位，它直接关系到城市的规模性质、空间结构、生态景观、城市交通和城市发展方向等整个城市系统的构成。因此，本书梳理了国外典型国家山地城市空间形态的理论发展脉络，并对典型的国外山地城市进行空间形态等角度的案例研究。

5.2　国际经验与典型案例研究

5.2.1　瑞士的生态补偿政策——以苏黎世为例

瑞士是阿尔卑斯山地区的主要国家之一。阿尔卑斯山覆盖了瑞士约 60% 的国土面积，其不仅是欧洲第一个颁布山地法律的国家，而且也制定出了较为完善的山地开发过程中的政策体系。瑞士主要的山地城市有苏黎世、日内瓦、巴塞尔、伯尔尼等，是城镇化率最高的几大城市，其中，苏黎世和日内瓦是现代山地城镇发展的典范。山地城镇建设与生态物种多样性稳定之间的矛盾在国内外普遍存在。近年来，我国已经开始重视在山地开发过程中对生态环境的建设，但我国在生态治理方面仍有很大的提升空间。苏黎世作为瑞士最著名的山地城市之一（图 5.1），在建设发展过程中起步较早，并在生态补偿政策方面取得了一定的成功经验，值得学习和借鉴。

随着苏黎世城市的发展，城市规模也在同速增长。在过去的几十年内，苏黎世城市规模在不断地扩大。扩建过程中不断占用的山地不但承担着城市发展的繁重任务，同时也是数百种动植物的栖息地，其中不乏一些名贵品种。对此，有关部门及生态学者在山地开发过程中，设计并实践了一系列生态补偿措施，在生态稳定与山地城镇建设之间保持平衡。其具体实施过程如下。

图 5.1 苏黎世卫星地图

图片来源：Google earth

1. 山地生态环境类型的确定

山地城镇在建设中会改变原有地形地貌、土壤条件和地表覆盖物等环境要素，进而改变周边地区的生态环境类型。而该地区原有的动植物在建设开发过程结束后可能会不适应新的环境，为了保证生态的稳定性和物种多样性，必须对遭到破坏的生态实施一定的补偿措施。因此，首先要确定该片山地的生态环境类型，在整个大区域的自然环境中，寻找与该生态环境相类似的自然环境，通过对比确认合适后，整理出该自然环境中的动植物物种类别，作为之后对建设区进行生态补偿措施的参考。

2. 山地生态环境的创建

在山地城镇建设过程中会给周围的动物栖息地带来很大影响。目前，相关学者和工作人员采取了多种措施试图淡化和降低这种影响，其中一项重要的举措就是人工创建出合适的类似生态环境，其目的是为了能在大生态环境下创造出高密度的小生物栖息空间，保证该环境内生物链上的各种珍稀生物生存环境不受到影响。近几年来，由于采用了这些受自然条件启发并创建的人工生态环境装置，苏黎世的生物种类多样性并未受到很大的影响，山地生态系统也变得更加稳固。

3. 山地植物的筛选和养护

除了动物以外，还有很多植物生长在山地区域，其中不乏很多珍稀品种。这些植物都拥有符合其自身条件的不同生存方式来应对山地环境下的高温和干旱等恶劣气候。随着栖息地环境的改变，植物群落也会随之改变。有关专家和工作人员除了建立人工生态环境装置来创建一个适宜植物生长的生态系统以外，平日还要对其进行合适的保养，以保证在尊重珍稀动植物种群生存需要的同时，尊重山地城镇开发建设的需要，以上这些工作都要在生态技术专家的指导和操作下才能完成。在山地城镇建设后，自然土地就会变得更少。只有通过生态补偿的各项措施，才能保证将生态环境中动植物的损失降到最低。

4. 山地内种群动态监测反馈

每年苏黎世的生态技术专家都会对山地地区的动植物种群数量进行统一的监测统计，以便了解当前采取的生态补偿措施是否有效，然后通过对统计结果进行分析，及时发现存在的问题，并针对问题做出改进。根据近几年实行这一措施后的统计结果来看，虽然在山地城镇的开发过程中占用了更多土地，使得动植物栖息地面积变得越来越狭小，但是大部分动植物及珍稀物种的种群数量却并没有明显减少。这说明通过多年的监测反馈和具体调整，目前技术专家所采用的生态补偿措施得到了很好的应用。

5. 山地城镇建设过程中的生态措施

为了使山地城镇开发对当地的生态系统影响降到最低，山地城镇在开发建设时尽量占用最少的土地，尽可能多地保留原始绿地。在施工过程中，建筑材料的运输和保存、大型建筑机械运转等都需要占用并破坏大面积原始土地，进而使周围原有生态系统受到影响。因此，在每个大型施工场地，都必须提前保留出一片"原始样地"。在这片"原始样地"内，会尽可能多地保留这片土地开发建设前存在的重要动植物种类和动植物栖息地类型。山地城镇建设属于开发项目，所以保留的原始样地中的动植物类别都必须是经过严格筛选，已经能适应山地恶劣自然环境的先锋物种，另外一些则是在开发前就已经投入使用的人工生态环境设施所保留的物种。待山地城镇开发结束之后，开展绿地恢复工程时，再通过预先在原始样地内保存的物种信息，使开发时被破坏的生态系统尽可能恢复原貌。

苏黎世施行的山地城镇建设的生态补偿政策，不单一强调对生态系统的重建，还同样重视动植物之间物种的协调发展；不单一强调生态补偿政策的实施方案，还同样重视对动植物种群数量进行动态监测，并作出反馈改进；不单一强调在山地城镇开发中尽量减小对土地的破坏程度，还同样重视预先保留出原始样地，以便于开发结束后进行生态恢复。

5.2.2　英国的可持续发展制度——以爱丁堡为例

英国是世界上最早启动山地城市化进程的国家之一，拥有二百年左右山地城市化的实践历史。英国的山地城市化建设开始于 18 世纪 60 年代，几乎与工业革命同时开始。由于发展迅速，英国最先遭受到工业革命和城市化建设所带来的各种问题，对当时英国的国家建设无疑是巨大挑战。同时英国也是世界上第一个制定出可持续发展规划，并能够在较短时间内缓解由资源与环境带来压力的国家，由此可以证明，英国对世界范围内山地城镇化建设的进程作出了极其重要的贡献。

爱丁堡位于苏格兰东南部的洛锡安地区，地处一片宽广的盆地中，盆地中心伫立着几座起伏的岛状丘陵，依山傍水，处于优越的地理位置，并拥有秀丽的自然景观，同时也是苏格兰的政治文化中心，并且其作为苏格兰和英格兰的交通枢纽，拥有至关重要的地位。20 世纪 90 年代末开始，英国的政府机构、城市规划部门开始对城市发展进程开展进一步广泛的研究，期望能更好地引导并促进山地城市能够在未来飞速发展。

1. 英国城市设计的可持续发展策略

英国政府开始提倡并实施"紧凑城市"的概念，提倡一种基于步行和公共交通基础的紧凑型发展模式。建议在城市建设过程中填充式开发，综合利用城市建设用地，提高城市建筑密度，增强城市内部设计策略，并针对不同的主题在空间尺度上实施不同的建设方法。近年来，英国在可持续发展的城市设计实践方面，推动实施了资源节能型、规模集约化的老城区更新与新城区开发。在城市开发过程中十分注重改进现有的公共交通模式和基础设施建设，并通过改进城市基础设施和城市绿地景观来满足开发项目的各项需求。政府在 2005 年正式发布了英国生态城市规划标准有关文件。该文件清楚地说明了英国当时准备施行的可持续发展策略，其中最重要的一点是，明确了英国国内新兴城市规划战略的基本发展思路。该文件是由国家制定的规划政策，英国政府在此后的十余年逐步拓展，并全面实施该计划的可持续发展战略领域。

2. 城山结合的山地环境

英国著名的山地旅游城市爱丁堡就充分利用了其地形优势（图 5.2）。在爱丁堡很难见到处在同一等高线上的街道，整座城市都建立在高低起伏的地形上，是一座名副其实的山地城市。它以数个丘陵山顶作为城市的整体空间秩序，通过将城市街道和主干道沿着起伏的地势结合与组织，在城市功能方面提供强烈的视觉信息，将丘陵地形组织的城市街道作为主轴，不同位置丘陵地形的分散集中决定了城市基本形态和发展的基本方向，不从单一的丘陵核心进行扩展，而是通过对多个丘陵作为多个核心进行同步的协调发展。这就避免了城市形态在局部的低密度扩张，通过改为高密度的焦点进行取代。为了促进这种类型的城市形态发展，爱丁堡开始建设新城区，并通过大交通量将城市之间迅速结合起来发展，是当代英国山地城市建设过程中给予我们的很好的启示。

图 5.2　爱丁堡卫星地图

图片来源：Google earth

3. 山地空间组织形态

爱丁堡当代时期的城市空间形态主要属于紧凑型，并发展混合性的功能区域。紧凑的城市形态可以同时在不同角度上起到相互促进的作用，这一时期的爱丁堡逐步形成一种因地制宜，功能混合发展，优势互补的空间格局规模，并通过充分利用丘陵地形烘托山地城市的自然景观。爱丁堡作为一座标准的旅游型山地城市，在城市的设计规划中充分考虑了自然景观视点的选取，镶嵌在城市中的丘陵地形形成了天然的景观视点。其中，城堡山、卡尔顿山和亚瑟王座山为爱丁堡城市的景观视线打造了极佳的视线平台。而三山之间的视线也一直都是从城市看丘陵和其他自然景观最易达到的视线。视线从卡尔顿山顶望向城堡山顶，穿过王子大街可以直接达到山体，而当站在城堡山顶时，也可以清晰浏览到整个城区，整个视觉层面以城市建筑为主，以自然景观为辅，设计者尤其对亚瑟王座山附近的建筑高度控制得极其苛刻，以底层建筑为主，使得主体丘陵地形作为自然景观保存完整，在丘陵顶端均能清楚地观看整座城市景观（图5.3）。

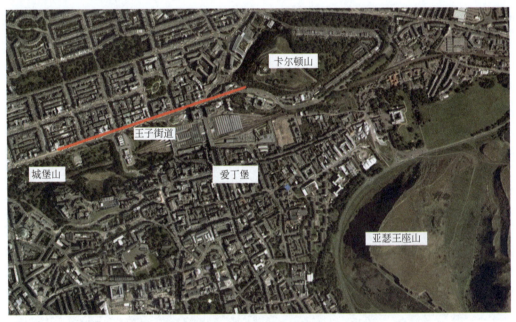

图 5.3 爱丁堡主要丘陵地图

图片来源：Google earth，作者改绘

平原城市与丘陵城市不同，英国的山地城市多为丘陵地形，利用丘陵地形作为城市的界面，既可以体现山地城市的独特性，同时也可以符合设计初衷的生态平衡理念。同时利用丘陵原始生态坡地作为城市绿地景观的公共区域，这种独特的城市规划方式是当代英国山地城市开发所独有的形式。

4. 山地城市立体化交通道路系统

城市土地集约利用的目的是充分挖掘潜在的城市土地资源，使城市土地得到最佳利用效果，同时保障城市土地的利用价值发挥到极致，从客观上减少城市向外扩张过程中投入和产出造成的压力。而发达的城市交通系统，尤其是发达的公共交通系统，有利于对城市交通节点的积累，并有益于交通领域的功能分化与重组，从而可以抑制城市空间的不必要扩张，进而提高城市土地集约化利用，减少在发展过程中过多占用土地资源的情况，保护免遭破坏的耕地和环境。爱丁堡市作为山地城市的特殊地理区位，其城市内部主要街道不论采用何种结构，都可以充分利用公共交通干道和步行交通平台，进而最大限度地为人们提供良好的行走路线。规划者根据丘陵地形的高差，将轨道交通在丘陵上进行下穿设计，同时高架城市天桥步行系统，为交通道路系统充分提供一系列立体化的交通设施。

5.2.3　日本的防灾生态安全格局——以广岛市为例

日本是个独立的岛国，山地环境占据日本国内大部分土地，而日本领土内在山地聚居的历史可以追溯到数千年以前，根据考古学家的研究发现，新石器时代在日本各处就已有人类活动踪迹，之后随着人类文明的进步，聚落逐渐变为城市，并向四处扩张。日本复杂的山地地形条件和历史文化背景使得山地聚居形态有独特的地域特色。日本山地城市的选址主要依据以农业为立国之策、以军事战略为安全基础、以商贸交通为城市发展之本，因此，充裕的自然资源、适宜的山地建设条件、安全的军事战略条件和便捷的交通条件成为日本山地城镇建设选址过程中优先考虑的条件，日本山地城镇的空间选址依据正是由这些条件互相作用、互相影响形成的。山地城镇的生态安全是一个城市能够顺利有效发展的先决条件，日本作为地震多发国家，政府主要从防灾生态安全的角度建立山地城镇的空间格局，为城市居民生活提供最基本的安全保障，并保持城市自然生态系统趋于稳定。

广岛是个美丽的山城，也有一定的城市发展历史。广岛是日本西部地区的几个著名工业城镇之一，其沿岸一带多用作工业用地，地方经济状况良好，许多制造行业的公司总部多建立在此。第二次世界大战以后，日本政府将国内经济发展方向从重军事工业转向重视和平建设发展。1946 年日本政府在广岛实行特殊的城市规划方案，在财政上给予广岛大力扶持，重点着手第二次世界大战后的城市恢复重建工作。日本是个地质灾难多发的国家，地震海啸等自然灾害频发，历史上有名的"关东大地震""东日本地震"等重大灾害都对日本各个城市造成了极大程度的毁坏，因此，如何建立起合格有效的防灾生态安全格局就显得尤为重要。特别是在灾害多发的山地城市，其自然环境更加脆弱，人与自然的矛盾更加突出，一旦发生灾害，后果更加严重。因此，广岛在山地城镇的战后重新规划建设中，吸取以往的灾害经验，试图制定更为完善的城市防灾空间规划。

1. 建设空间灾害评估体系

在山地城市用地扩张建设过程中，首先对其所在区域的灾害风险进行评估，以制定合理的空间发展管制格局。风险评估主要从自然灾害因素和人工建设因素两方面进行，通过综合分析，得出待开发的山地区域的受灾害风险程度，以确定该区域能否划分作为适当的建设区域，进一步确定城市发展的空间安全格局方向。

2. 合理的空间用地安排

日本山地城市大多是依靠山体连片发展，城市的用地安排必须因地制宜。广岛被5条河川分割成了大小不一的区块，城市也在这仅有的可利用土地上选择合理的城市布局。首先，广岛基础设施项目建设需要远离灾害危险区；其次，军事化工等危险区域需要避开潜在自然灾害区；最后，在商业区、居民区布置安全缓冲带，减小灾害危险。而且，就整个城市区域范围而言，广岛形成了网络化的空间体系，可以缓解中心区压力（图5.4）。

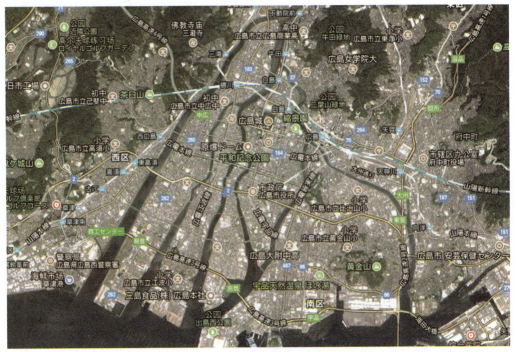

图5.4　广岛卫星地图

图片来源：Google earth

3. 具体的专项规划

根据城市建设规划方案，在第二次世界大战时原子弹爆炸的中岛地区创建一座广岛和平公园，以元安川和旧太田川两条河流围绕的和平公园作为广岛市的城市中心，以此纪念广岛在第二次世界大战时所受到的战争灾难。与广岛和平公园遥相呼应的是广岛城遗址公园，根据规划，在此处建立一座中央公园和数个小型公园，通过这些小规模绿地公园，将和平公园与广岛城市各处自然绿地景观结合起来，形成城市的中心景观轴线，再通过建设一条贯穿 5 条河流的大道，将被分隔开的城市区块连接在一起。通过利用城市不同位置的绿化空间、城市绿地公园等形成连片的避难空间体系，这样一旦灾害来临，市民可以就近在公园等开阔场所避难，将自然灾害的破坏程度降至最低。

仅从城市空间层面制定防灾规划是不够的，在城市内部的建设发展过程中，政府还编制了更加详尽的具体专项规划，如《防灾街区整备地区计划》，通过针对城市内部各个街区的防灾规划明确防灾的主要功能和最终目标，以及防灾相关配套设施的建设等，并且更加深入的是对山地城镇建筑物的具体防灾性能作出规定，同时政府也对城市的防灾空间有了更深入的了解，制定《都市公园法》明确城市公园的布局与防灾配置标准，这样就形成了较为完善的城市防灾避难空间体系。

5.3　国际经验对我国山地城镇开发的启示

5.3.1　瑞士山地城镇开发有关生态补偿政策中值得我国借鉴的经验

通过以上对苏黎世山地城镇开发过程中生态补偿政策进行分析，反观我国目前的政策体系，可以看出，我国大部分山区的生态补偿政策还处于以农业、财政补偿为主的"反应性策略"阶段，目前政策类型大多数还是以农业政策和扶贫政策为主。根据我国山区政策从单一补偿向综合发展这一过渡时期的现状和问题，可以从以下几个方面借鉴瑞士山地地区的政策经验。

（1）从山地生态平衡角度出发：生态系统中的任何生物都是维持生态平衡中的一环，任何一环有问题都会导致整个系统遭到破坏。因此，在山地生态系统中，应当率先重视动物与动物之间、动物与植物之间、植物与植物之间的协调发展，保证处于生物链各个阶层动植物的食物来源和生存空间，保证群落的多样性和稳定性不被破坏。

（2）从生态反馈角度出发：生态补偿和修复不是短期完成的事情，而且地区和地区之间环境条件差异巨大，不存在普遍适用的方法和措施，在很多情况下只能先试用再调整。所以在进行生态补偿或生态修复过程中，一定要坚持定时对动植物种群数量进行监测，了解措施是否得当，并及时进行修正调整。

（3）从普适性角度出发：苏黎世生态补偿策略的工作模式除了对山地城镇开发适用以外，同样在很多生态治理工程中都可以借鉴，如确定生态环境类型、统计筛选适宜动植物种类、种群数量监测管理、扩建工程的样地保留等。

5.3.2 英国山地城镇开发有关可持续利用制度中值得我国借鉴的经验

从近十几年来英国可持续发展战略的实施，以及其在山地城市规划领域所采取的一系列政策、措施和规划实践来看，可持续发展完全有可能在山地城市规划领域取得突破性进展。同时，随着世界各国可持续发展研究与实践的深入开展，可持续发展的理论与实践方法也日益丰富，这也为城市规划领域推进实施可持续发展创造了条件。

近年来，我国先后提出了贯彻"科学发展观"和建立"和谐社会"的构想，并且也相应要求在城市规划领域进行探索与实践。其所强调的实质就是人与人、人与环境之间和谐发展的问题，这与国际社会，尤其是发达国家对于可持续发展的认识和理解在内容上是一致的。因此，贯彻科学发展观可以在理论和方法上与实施可持续发展整合起来，并借鉴诸如英国当前逐步成熟的、系统的可持续发展理论和实践方法作为参考。

1. 以法律法规等形式，提升城市可持续发展的战略高度

将城市可持续发展的要求在国家的正式文件中确定下来，公布并落实与之相关的各项标准，必要时以立法或者国家政策的形式加以规定，以提升城市可持续发展的战略高度，提高各个社会主体对推进城市可持续发展的关注。

2. 提高企业的社会责任意识

推进山地城市可持续发展不仅是政府部门的责任，企业作为城市的重要组成部分，对城市的资源、环境、基础设施等产生着重大影响。因此，应当十分强调企业在山地城市建设过程中合理利用能源资源、保护环境等方面的社会责任。城市可持续发展标准化工作应当在企业管理、风险评估、质量安全等方面制定详细的程序和标准，并通过完善监督和惩戒机制，督促企业贯彻落实。

3. 依据不同城市的具体情况开展试点工作

英国根据不同城市的具体情况，在各个城市建立了不同的试点。例如，在纽斯卡尔，政府利用纽斯卡尔大学在可持续发展、能源、交通和城市规划等领域的先进研究，先后建立经济和科学发展中心；在商业城市伯明翰建立高科技智能城市路线图，将主要关注点放在经济发展、幸福指数、城市流动性和环境挑战等各个方面；在伦敦建设"贝丁顿零化石能源发展"生态社区，使贝丁顿社区成为英国最大的低碳可持续发展社区。实现城市的可持续发展不是一蹴而就的过程，根据不同城市的具体情况建立相应的试点，以总结和吸取经验是必不可少的工作。

4. 与国际接轨，加强国际间合作

在具体标准的制定上，参考国际标准的制定情况，同时加强国际合作，吸收和借鉴发达国家推动城市可持续发展的经验和教训。目前，中国已经开始了在城市可持续发展领域与发达国家的合作，力求共同推进中国城市的可持续发展进程。

5.3.3　日本山地城镇开发有关生态安全格局中值得我国借鉴的经验

我国是一个多山的国家，山地城市分布较广，且数量占有很大的比重，对于山地城市生态安全格局系统规划的研究和实践还比较少。山地城市特殊的地形地貌决定了山地城市特有的自然生态环境和景观风貌，而生态安全格局是城市生态环境的重要组成部分，在改善和优化山地城市结构、城市生态环境、防灾避险等方面具有重要作用。随着人们对城市景观及山地城市环境问题的日益重视和城市生态安全的需要，建设科学、合理的城市生态安全系统成为当前山地生态城市规划建设及可持续发展战略的重要内容。以日本山地城市广岛的防灾生态安全格局作为分析基础，归纳出日本山地城市空间形态的总体特征，探析其生态安全格局发展规律和影响因子，为我国山地城市发展提供宝贵经验。得出以下结论。

1. 加强区域生态安全格局规划基础理论研究

国内专门针对生态安全格局规划理论和技术方法的系统研究较少。山地城市在发展过程中，一直受到来自内部与外部力量的共同作用，社会、经济、政治、文化、技术、历史传统、自然环境等多方面因素通过单独或者相互作用的方式，从不同方面、不同程度地影响山地城市空间形态的形成、发展和演化。随着城镇化进程的不断提速，山地城镇扩张对维护区域生态系统安全的生态用地的干扰将日益增大。安全格局的构建作为城市生态规划的基础工作，对指导城镇建设空间布局、土地的生态管理，以及重点地区的灾害防护和生态恢复建设具有重要作用，并可为城市总体规划、土地利用规划、城市生态规划专题研究提供科学参考。

2. 适应生态安全格局的独特性

在日本山地城市发展的各个阶段中，复杂的地形地貌都对城市发展起着重要的作用，并且也使得城市空间形态演变具有其独特性。山地的自然地理位置不同于平原地区，会对山地城市的空间结构演变产生较大的影响。山地城市的生态安全格局规划以空间分析为鲜明特点，但这也是其自身的局限性所在，因为很多自然灾害和生态退化问题无法通过生态安全格局的调整得以解决。例如，广岛作为靠山滨海的山地城市，在建设开发过程中除了要应对海水侵蚀陆地以外，也存在其他沿海岸一带的各种生态安全问题，对于这类特殊问题，需要制定与之对应的政策法规，改变发展策略。另外，对于绝大多数自然灾害，以人类目前的能力还不能完全避免，如地震问题，在日本等地较为严重，是由其陆地的自身构造和所处地理位置决定的，依照目前的技术只能做好及时预警，通过建立一系列防灾生态安全格局，避免更大的损失。因此，除了在自然灾害多发的地区限制开发建设以外，还应加强法律法规、灾害应急预案和处理技术标准的体系建设，并做好山地城市综合防灾规划和各种专项防灾规划的编制。

参 考 文 献

阿周源源，赵巍，刘影，等 . 2016. 瑞士绿色经济对四川秦巴山区发展的启示 . 国土资源科技管理，
　　33（02）：38 ～ 42

陈军 . 2016. 中国山地地区城镇化路径选择研究——以贵州省为例 . 贵州师范大学学报（社会科学版），
　　（05）：101 ～ 110

陈可石 . 2009. 小城市是自然怀抱中的一个物——瑞士山地城镇建设经验 . 西部广播电视，（06）：
　　44 ～ 49

陈宇琳 . 2007. 阿尔卑斯山地区的政策演变及瑞士经验评述与启示 . 国际城市规划，22（06）：
　　63 ～ 68

邓伟，唐伟 . 2013. 试论中国山区城镇化方向选择及对策 . 山地学报，31（02）：168 ～ 173

邓伟，方一平，唐伟 . 2013. 我国山区城镇化的战略影响及其发展导向 . 中国科学院院刊，28（01）：
　　66 ～ 73

付晓渝，宋凤，丁国勋 . 2005. 关于山地城市的城市形态浅见 . 山东林业科技，（06）：64 ～ 65

官冬杰，高伟俊，渡利和之，等 . 2008. 基于景观生态学和马尔可夫模型的日本北九州土地利用分析（英
　　文）. Journal of Geographical Sciences，（04）：455 ～ 468

李海龙，于立 . 2011. 中国生态城市评价指标体系构建研究 . 城市发展研究，18（07）：81 ～ 86，118

李云燕，赵万民 . 2017. 山地城市空间适灾研究：问题、思路与理论框架 . 城市发展研究，24（02）：

54 ～ 62

李正，李雄 . 2016. 城镇化背景下的山地开发与保护：关于研究方法和技术的英文文献综述 . 中国园林，
　　32（04）：62 ～ 67

龙海波 . 2013. 多山地区新型城镇化道路的探索与思考——贵州城镇化建设实践调查 . 中国发展观察，
　　（12）：11 ～ 14

罗丽 . 2006. 日本生态安全保护法律制度研究 . 河北法学，24（06）：119 ～ 122

马立辉，方文，刘杨，等 . 2012. 西南山地型城市森林生态网络特点分析 . 林业调查规划，37（01）：
　　108 ～ 111，118

马立辉，方文，张静，等 . 2012. 山地型森林城市建设总体规划分析 . 中国城市林业，10（04）：
　　40 ～ 42

毛华松，张兴国 . 2009. 基于景观生态学的山地小城镇建设规划——以重庆柳荫镇为例 . 山地学报，
　　27（05）：612 ～ 617

欧定华，夏建国，张莉，等 . 2015. 区域生态安全格局规划研究进展及规划技术流程探讨 . 生态环境学
　　报，24（01）：163 ～ 173

偶春，姚侠妹，张建林 . 2014. 山地城市防灾减灾绿地系统规划探析——以重庆长寿区为例 . 重庆文理
　　学院学报（社会科学版），33（02）：136 ～ 139

彭薇颖 . 2016. 基于生态低碳的西南山地城市规划设计方法思考——以宜宾南部新区为例 . 中国名城，
　　（02）：60 ～ 65，59

乔建平 . 1999. 瑞士的山地灾害研究 . 山地学报，17（03）：93 ～ 96

谭文勇，高翔 . 2017. 山地城镇形态变迁的文化解读——以重庆市饮水村片区为例 . 西部人居环境学刊，
　　32（04）：96 ～ 102

唐志舟，杨子生 . 2014. 开发区土地利用与管理存在的问题及对云南"城镇上山"战略实施的启示 .
　　Agricultural Science & Technology，15（10）：1764 ～ 1766

王珞珈，董晓峰，刘星光，等 . 2017. 生态城市空间结构国内外研究进展 . 城市观察，（02）：
　　123 ～ 138

王瑞花，张兵 . 2014. 国外山地旅游开发对我的启示——以班夫国家公园、瑞士阿尔卑斯山、尼泊
　　尔安纳布尔纳保护区为例 . 山西煤炭管理干部学院学报，27（01）：139 ～ 140，148

王卫林，叶燎原，杨昆，等 . 2016. 山地城镇化建设背景下的土地利用生态风险分析 . 水土保持研究，
　　23（06）：358 ～ 362

谢春芳，张宇 . 2014. 瑞士"绿色山地经济模式"对贵州的启示 . 晋中学院学报，31（01）：42 ～ 47

杨姗姗，邹长新，沈渭寿，等 . 2016. 基于生态红线划分的生态安全格局构建——以江西省为例 . 生态
　　学杂志，35（01）：250 ～ 258

于立 . 2011 国际生态城镇发展：对中国生态城镇规划和发展的一些启示 . 中国低碳生态城市发展报告
　　2010 低碳生态城市案例介绍（一）：日本北九州生态城 . 城市规划通讯，（08）：17

赵万民 . 2008. 山地人居环境科学 . 南京：东南大学出版社，85 ～ 93

钟华山 . 2011. 关于山地城市规划设计的探讨 . 现代装饰（理论），（01）：33 ～ 34

周锐，王新军，苏海龙，等 . 2015. 平顶山新区生态用地的识别与安全格局构建 . 生态学报，35（06）：
　　2003 ～ 2012

Nishi E. 2007. Compact City and Better Community-Case of Kumamoto City，Japan. Regional Studies
　　Association International Conference：Regions in Focus

Shimizu E，Fuse T. 2003. Rubber Sheeting of historical maps in GIS and its application to landscape visualization of old-time cities: focussing on Tokyo of the past. Tokyo: University of Tokyo

Stutz F, Proceedings of the 8th International Conference on Computers in Urban Planning and Urban Management, Reviewed Papers, CD-ROM. http://planner. t. utokyo. ac. jp/ member/fuse/rubber_ sheeting

Yoshida H, Omae M. An approach for analysis of urban morphology: Methods to derive morphological properties of city blocks by using an urban landscape model and their interpretations. Computers, Environment and Urban Systems, 29（2）: 223 ～ 247

第6章 基于生态安全的山地城镇土地可持续利用管理机制与政策体系研究

从《我们共同的未来》中对"可持续发展"的定义可知，可持续发展是建立在社会、经济、人口、资源、环境相互协调和共同发展的基础上的一种发展，其宗旨是，在保护的前提下达到发展的核心目标。在山地城镇土地利用及管理方面实现可持续发展，一方面要立足于生态安全的大前提，另一方面要体现用地的综合效益，达到土地功能的可持续及利用效益的可持续。土地可持续利用机制就是制度、方法的组合，或者制度化了的方法。机制有以下几个特点：一是机制本身含有制度的因素，而且还包括各种手段和方法；二是机制是在各种有效制度、方法的基础上总结和提炼的，还不同于纯粹的方式、方法和思路等；三是机制可以依靠多种内部制度、方法共同协作运行来更好地发挥作用。在本章研究中，所要构建的机制及政策体系是指在生态安全的前提下，能够引导、激励和约束土地使用者可持续利用山地城镇土地的制度、方法，或者是制度、政策、方法及技术的组合，以及在此基础上衍生和细化出的相关政策。

6.1 山地城镇土地可持续利用管理机制与政策体系构建的背景

6.1.1 山地城镇土地可持续利用及管理方面存在的问题

1. 山地城镇土地生态环境脆弱性加剧

山地城镇在先天的优势和劣势方面都非常明显，一方面，山地区域天然动植物资源、矿产资源、水力资源丰富，具有发展多种经营的优越条件，山区更是多民族文化交流渗透、融合的地方，人文景观、旅游资源丰富；另一方面，山地区域地质灾害易发，如水土流失、山洪水灾、滑坡、泥石流等，并易诱发次生灾害，危及人身和城市安全。在山地城镇发展的过程中，出现的影响生态安全的土地不可持续利用问题主要体现在土地生态环境脆弱性加剧上。究其原因，一些区域没有因地制宜地利用土地，在多种用途可以兼容的情况下，选择了价值或功效较低的用途，工业用地分布分散，工业区竞相上马，缺乏系统的环境规划，导致污染源分散，污染物控制难度大；一些区域规划缺乏系统性，没有对整个山水环境进行系统的分析，继而由于部分用地用途不当而加剧了城市环境的衰退和生态平衡的破坏。从对生态环境的影响上看，脆弱性加剧主要体现在以下几个方面：自然基质的破碎。自然山体往往是城市野生动植物的涵养区，大量的人工活动加剧自然基质的硬化趋势，加快了山区环境破碎化趋势。同时，山地环境具有特殊性，山体基质一旦破坏就难以恢复；自然板块萎缩。对山地的开发建设使得山地环境的自然板块相对尺度变小，降低了整体板块的稳定性，容易造成自然板块萎缩和自然廊道断裂。山体廊道是山地环境生态平衡的脉络，一旦被阻隔或贯穿会导致自然灾害发生，继而影响到整个区域的生态稳定。

2. 山地城镇土地利用效率较低

一方面，山地城镇在开发过程中，由于受地形地貌及地质条件的制约，可集中连片开发的土地资源有限，多呈组团式的城市空间结构，从基础设施投资成本、环境治理成本等各方面测算，单位面积用地开发投入较大，且开发区域内能够提供建设的用地面积较小，土地开发效率较低；另一方面，当前，山地城镇土地开发尚存在短视行为，个别地方政府为引进开发项目、留住开发商，在土地用途确定时缺乏科学性。如何使得山地区域开发出的用地能够有最大化的使用效益，从经济、社会、生态3个方面体现出用地的"性价比"，是山地城镇用地规划、产业准入及用地标准研究方面亟待解决的问题；此外，一些区域在山地城镇开发初期，预期的开发速度较快，对用地的吸引力估计过于乐观，在用地出让环节，由于价格、产业、配套等因素的限制，影响一部分用地企业的积极性，使得已开发出的用地暂时闲置，影响土地利用的整体效率。如何从财税政策方面给予山地城镇用地适当的激励，以及怎样通过更多样的金融手段促进企业用地往山地城镇转移，是提高山地城镇土地利用效率，保障用地可持续的重要方面。

6.1.2 山地城镇土地可持续利用面临的主要制约因素

1. 技术层面的制约

影响山地城镇土地可持续利用的技术层面的问题主要体现在山地开发前期调查

评价的不充分，以及规划、设计方案的不科学：对于地形复杂多样的山地城镇，仍然对用地进行单纯的工程评价，显然已经不能满足为城镇用地选择提供足够科学的依据。通过对已开发建设的山地城镇典型项目区进行调研发现，在进行前期评价和规划时，一些区域忽视了土地自身的自然生产功能，以及由这些功能所衍生的其他生态与环境效益，而有些区域未能充分利用城镇的自然生态资源，土地利用布局没有形成很好的山水格局，造成现代城镇地方特色的迷失，还有一些区域的规划对生态环境的影响呈现出明显的滞后性。

2. 管理层面的制约

山地开发后用地管理对山地城镇土地不可持续利用的影响体现在：一方面，没有及时地监测用地的生态环境影响，所以无法及时地反馈规划前期论证的不充分，以及规划、设计方案的不甚科学之处，不能及时进行具有显性、隐性生态环境危害的用地行为的制止，同时，在环境监管方面，对山地区域在污染排放等级等方面没有严格的限定；另一方面，对用地可持续的监管缺乏山地特定的标准，缺乏不同尺度的可持续用地评价，在用地过程中缺乏全生命周期管理，没有对土地用途管理、利用效益管理、用地取得与退出等方面的信息进行系统的管理，山地土地利用的效益无法得到科学的评价及合理的改进；此外，山地城镇在管理过程中，一些基于山区资源的生活方式、人为利用方式不当导致的土地利用及人居环境不协调方面也存在问题，从而引发土地不可持续利用问题。

3. 制度设计层面的制约

影响山地城镇土地可持续利用的制度设计层面的问题主要体现在：一方面，由于国家统一的供地及用地政策的执行，山地区域先天的用地成本高、用地效率低的劣势未能在制度设计层面被给予弥补，所以山地对许多用地企业的吸引力打了折扣，由此引发的用地流拍、用地闲置等问题在某些山地区域有所显现，地方土地制度创新的空间有限，不能差异化地对供地价格进行浮动和调整，缺乏政策的激励，没有更多的用地优惠条件，导致山地城镇土地利用效率降低；另一方面，山地城镇开发用地企业融资渠道单一，限制了企业的发展速度，导致了山地土地利用的活力不高。由于生态金融体系及生态金融产品刚进入我国不久，在制度设计层面不允许把山地区域的环境及周边资源的隐性价值进行核算，并作为企业融资的担保进入生态金融市场，金融产品多样性有待开发。

6.2 山地城镇土地可持续利用管理机制构建的理论研究

6.2.1 相关机制、制度、政策研究现状

综观现有研究文献，国内外生态安全及土地可持续利用管理相关机制、制度及政策研究主要包括以下几个方面。

1. 生态补偿机制

生态补偿机制是以保护生态环境、促进人与自然和谐为目的，根据生态系统服务价值、生态保护成本、发展机会成本，综合应用行政和市场手段，调整生态环境保护和建设相关各方之间利益关系的环境经济政策。主要针对区域性生态保护和环境污染防治领域，是一项具有经济激励作用、与"污染者付费"原则并存、基于"受益者付费和破坏者付费"原则的环境经济政策。

国外通常称生态补偿为生态服务付费，其研究领域主要涉及 4 个方面：围绕森林生态系统的生态服务展开的生态服务付费、与农业生产活动相关的生态补偿制度、涉及水质与水量保持和洪水控制 3 个方面的流域保护服务，以及与矿产资源开发相关的生态补偿制度。国外生态补偿模式主要有政府作为唯一补偿主体模式、政府主导模式、市场化运作模式。美国、哥斯达黎加等国的经验也表明，尽管政府作为生态效益最主要的购买者，市场竞争机制在生态补偿中的作用是不可小视的，政府为了达到最好的效果，可以应用经济政策和市场机制来提高生态效益。

我国生态补偿的实践从 20 世纪 80 年代开始得到初步发展，进入 21 世纪，生态补偿得到高度重视，2006 年国家"十一五"规划提出"按照谁开发谁保护、谁受益谁补偿的原则，建立生态补偿机制"。2007 年发布的《国家环境保护总局关于开展生态补偿试点工作的指导意见》（环发〔2007〕130 号）提出，我国将在"自然保护区、重要生态功能区、矿产资源开发、流域水环境保护"4 个领域开展生态补偿试点，从而推动生态补偿实践发展。从地方实践来看，可以追溯到 1983 年，云南省环境保护厅以昆阳磷矿为试点，对每吨矿石征收 0.3 元，用于采矿区植被及其他生态环境恢复的治理。后来，生态环境部门会同财政部门，在广西壮族自治区、江苏省、福建省、陕西省榆林市、山西省、贵州省、新疆维吾尔自治区、内蒙古自治区、包头市和晋陕蒙接壤地区等地试行生态环境补偿费。2005 年 8 月浙江省政府颁布了《关于进一步完善生态补偿机制的若干意见》，确立了建立生态补偿机制的基本原则。

虽然我国在生态补偿实施方面已有一定经验，但在制定和实施过程中生态补偿机制尚存在一系列问题，如生态补偿机制的具体内容和建立的基本环节是什么；生态补偿的定量分析技术尚不成熟，制定各地区域生态保护标准比较困难；生态补偿立法远远落后于生态问题的出现和生态管理的发展速度，许多新的管理和补偿模式没有相应的法律法规给予肯定和支持，一些重要法规对生态保护和补偿的规范不到位，使土地利用、自然资源开发等具体补偿工作缺乏依据；生态建设资金渠道单一，使所需资金严重不足等。生态补偿涉及公共管理的许多层面和领域，关系复杂，头绪繁多。生态服务功能价值如何评估，生态环境保护的公共财政体制如何制定，流域生态如何补偿，重要生态功能区的保护与建设怎样进行，都需要采取措施加以解决。

2. 环境税收制度

20 世纪 60 年代，由于工业化的迅猛发展，许多国家发生了一系列重大环境污染事件，人类面临着日益严重的、累积性的环境污染问题，人类生存和发展都受到了严重威胁。随着全球经济的可持续发展，"自然资源等财富在代内和代际的公平分配"理论得以确立。为解决全球资源短缺、环境污染严重的环境退化问题，英国经济学家庇古最先提出环境保护税，他的观点已经为西方发达国家普遍接受。欧美各国的环保政策逐渐减少直接干预手段的运用，越来越多地采用生态税、绿色环保税等多种特指税种来维护生态环境，针对污水、废气、噪声和废弃物等突出的"显性污染"进行强制征税。

从国外的实施情况看，其相关税种主要包括污染税、产品税及专门为环境保护筹集资金的相关税种。与发达国家相比，虽然我国在环境与资源保护方面也采取了一些税收措施，但比较零散，且在整个税收体系中所占的比重较小，如资源税、城镇土地使用税、耕地占用税等在一定程度上是具有环境保护性质的税种，但无法充分起到调节作用，也无法满足环境保护所需的资金。2018 年 1 月 1 日起，我国环境保护税正式开征，其通过经济利益的调节来矫正纳税人的行为，促使其减轻或停止对环境的污染和破坏，与此同时，又可以将课征的税款作为专项资金，用于支持环境保护事业。

3. 排污权交易制度

排污权交易起源于美国。美国经济学家戴尔斯于 1968 年最先提出了排污权交易的理论。面对二氧化硫污染日益严重的现实，美国国家环境保护局（EPA）为解决通过新建企业发展经济与环保之间的矛盾，在实现《清洁空气法》所规定的空气质量目标时提出了排污权交易的设想，引入了"排放减少信用"这一概念，并从 1977 年开始围绕排放减少信用先后制定了一系列政策法规，允许不同工厂之间转让和交换排污削减量，这也为企业针对如何进行费用最小的污染削减提供了新的选择。而后德国、英国、澳大利亚等国家相继实行了排污权交易的实践。

排污权交易是指在污染物排放总量控制指标确定的条件下，利用市场机制建立合法的污染物排放权利，即排污权，并允许这种权利像商品那样被买入和卖出，以此来进行污染物的排放控制，从而达到减少排放量、保护环境的目的。排污权交易的主要思想是，建立合法的污染物排放权利（这种权利通常以排污许可证的形式表现），以此对污染物的排放进行控制。它是政府用法律制度将环境使用这一经济权利与市场交易机制相结合，使政府这只有形之手和市场这只无形之手紧密结合来控制环境污染的一种较为有效的手段。这一制度的实施是在污染物排放总量控制的前提下，为激励污染物排放量的削减，排污权交易双方利用市场机制及环境资源的特殊性，在环保主管部门的监督管理下，通过交易实现低成本治理污染。该制度的确立使污染物排放在某一范围内具有合法权利，容许这种权利像商品那样自由交易。在污染源治理存在成本差异的情况下，治理成本较低的企业可以采取措施以减少污染物的排放，剩余的排污权可以出售给那些污染治理成本较高的企业。市场交易使排污权从治理成本低的污染者流向治理成本高的污染者，这会迫使污染者为追求盈利而降低治理成本，进而设法减少污染。

由政府征收排污费的制度安排是一种非市场化的配额交易。交易的一方是具有强制力的政府，另一方是企业。在这种制度下，政府始终处于主动地位，制定排放标准，并强制征收排污费，但它却不是排污和治污的主体，企业虽是排污和治污的主体，却处于被动地位。由于只有管制没有激励，只要不超过政府规定的污染排放标准，就不会主动地进一步治污和减排。而排污权交易作为以市场为基础的经济制度安排却不同，它对企业的经济激励在于排污权的卖出方由于超量减排而使排污权剩余，之后通过出售剩余排污权获得经济回报，这实质是市场对企业环保行为的补偿。买方由于新增排污权不得不付出代价，其支出的费用实质上是环境污染的代价。排污权交易制度的意义在于它可以使企业为自身的利益提高治污的积极性，使污染总量控制目标真正得以实现。这样，治污就从政府的强制行为变为企业自觉的市场行为，其交易也从政府与企业行政交易变成市场的经济交易，可以说排污权交易制度不失为实行总量控制的有效手段。

4. 公众参与环境保护机制

环境问题的长周期性和间接性使得每个人的环境利益都无形中紧密联系在一起。美国、日本、英国等国家都建立了公众参与环境保护的机制。例如，英国的环境公益诉讼机制。1972 年的美国塞拉俱乐部诉莫顿案的判决基本确立了公众或公众团体的有关《国家环境政策法》的起诉权。日本建立垃圾处理机制，使每个家庭都参与环保。建立公众参与环境保护是一种国际趋势，我国立法已经对公众参与环境保护作出了一些规定，但是这些还远远不够。

5. 土地交易市场机制

从 20 世纪 70 年代开始日本政府建立了一整套以限制土地交易为主要目的的土地交易管理制度，在该制度体系中，最重要的是土地交易审批制度，用以直接控制某些地区的地价水平及土地使用目的，土地交易双方正式签订交易合同以前，必须向地方政府提出申请，政府对土地交易主要是从土地交易价格和土地使用目的两个方面进行审查；中国的土地市场化始于 20 世纪 80 年代末的土地使用制度改革，至 2001 年，国务院发出 15 号文件《关于加强国有土地资产管理的通知》，有针对性地从严格控制建设用地供应总量、严格实行国有土地有偿使用制度、大力推行招标拍卖、加强土地使用权转让管理、加强地价管理和规范土地审批的行政行为 6 个方面，提出了具体的要求，并从源头和制度上加强土地资产管理，在土地资产管理制度上制定了一系列新举措。土地交易市场机制的建立可以优化配置土地资源、调整产业结构，优化生产力布局、健全市场体系，实现生产要素的最佳组合，同时也促进了城乡统筹的推进。2010 年中央一号文件加大了通过以城带乡方式统筹城乡发展的力度，全国各地陆续制定和出台了地方性法规以更好地引导和管理农村建设用地使用权的流转，相关实践也不断开展。随着 2015 年农村土地制度改革三项试点工作的开展，该制度在促进农村经济第一产业、第二产业和第三产业融合发展、推动农业规模化生产经营、改善农民生活条件与农业生产条件、改善村庄环境等方面显现出有益的力量。

6.2.2　现有理论研究及试点成果的简要评述

对以上生态保护、土地可持续利用相关机制及政策进行整理归纳，主要体现在以下几个方面：生态补偿机制、排污权交易制度和环境税收制度都起源于国外，在国外探索实践过程中，这一系列机制和制度对于区域污染控制及生态环境保护从不同的角度给予了推动，但我国在此方面从理论研究到实践操作起步都较晚，由于国内外制度环境不同、社会经济发展水平具有差异等，在运行机制上各有差异。总而言之，这一系列机制及政策的实施，对国内外区域生态保护及土地利用优化配置起到了积极的作用，这些有益的经验对于山地城镇开发土地可持续利用管理机制构建具有重要的参考和借鉴价值。

6.2.3　山地城镇土地可持续利用管理机制构建的基础理论

1. 可持续发展理论

世界环境与发展委员会于 1987 年在《我们共同的未来》报告中第一次对可持续发展做了全面、详细的阐述。可持续发展思想的核心是"既满足当代人的需求，又不对后代人满足其自身需求的能力构成危害的发展"。它是以保护自然为基础，与资源和环境的承载力相协调的发展，不仅重视数量的增长，更追求质量的改善、效益的提高和能源的节约，从而为后代开创一个能够持续健康发展的基础。土地资源作为一种有限的自然资源，人们在利用其时必须以可持续发展理论为指导，在不破坏土地生态平衡的前提下，挖潜存量土地，提高土地的相对供给能力，避免盲目地追求利益的最大化；同时，可持续发展理论也对区域和流域开发做出了指导，指出开发利用不能超出流域的生态承载力，不能破坏流域生态系统的自我修复和调节能力。

2. 生态环境价值论

长期以来，资源无限、环境无价的观念根深蒂固地存在于人们的思维中，也渗透在社会和经济活动的体制和政策中。生态环境破坏的加剧和人类对生态系统服务功能的研究，使人们更为深入地认识到生态环境的价值，并成为反映生态系统市场价值、建立生态补偿机制的重要基础。Costanza 等和联合国千年生态系统评估（MA）的研究在这方面起到了划时代的作用。生态系统服务功能是指人类从生态系统中获得的效益，生态系统除了为人类提供直接的产品以外，所提供的其他各种效益，包括供给功能、调节功能、文化功能和支持功能等，可能更巨大。因此，人类在进行与生态系统管理有关的决策时，既要考虑人类福祉，同时也要考虑生态系统的内在价值。

3. 外部性理论

外部性（externality）理论是生态经济学和环境经济学的基础理论之一，也是生态环境经济政策的重要理论依据。外部性的特征是：①独立于市场机制之外；②产生于决策之外而具有伴随性；③与受损（益）者之间具有某种关联性；④具有某种强制性；⑤不可能完全消失。环境资源的生产和消费过程中产生的外部性主要反映在两个方面，一是资源开发造成生态环境破坏所形成的外部成本；二是生态环境保护所产生的外部效益。这些成本或效益没有在生产或经营活动中得到很好的体现，从而导致了破坏生态环境没有得到应有的惩罚，保护生态环境产生的生态效益被他人无偿享用，使得生态环境保护领域难以达到帕累托最优。庇古认为，当社会边际成本收益与私人边际成本收益相背离时，不能靠在合约中规定补偿的办法予以解决。这时市场机制无法发挥作用，即出现市场失灵，而是必须依靠外部力量，即政府干预加以解决。当它们不相等时，政府可以通过税收与补贴等经济干预手段使边际税率（边际补贴）等于外部边际成本（边际外部收益），使外部性"内部化"。

4. 市场失灵与政府干预

1）资源配置的市场失灵

尽管完全竞争市场是经济效率最高的市场，但市场失灵的出现仍是不可避免的。西方经济学认为，由于存在着垄断、外部性、公共产品、忽视社会目标、不完全信息等问题，现实社会无法满足完全竞争市场所必须具备的一切条件，价格机制无法正常发挥作用，资源分配无法达到最有效率的状态，进而导致市场失灵情况的出现。市场失灵分为两类，一类是由市场本身存在难以克服的缺陷所引起的失灵，所谓"公地的悲哀"就是此类市场失灵的表现；另一类市场失灵是由市场机制不健全，或者说缺乏公平高效的市场环境所导致的失灵。这种失灵通常存在于市场经济发育初期的资源配置市场。市场经济起步较晚的转型期国家，如我国，这两种失灵往往并存。

2）政府干预

市场失灵一直被作为政府对市场进行干预的依据，也就是说，必须采用微观经济政策，纠正市场失灵现象，使社会经济活动尽可能接近完全竞争市场的条件，使市场机制的不足之处得到弥补，从而使社会资源的配置达到最佳状态。但经济学研究也表明，通过消除或缓和市场失灵，政府干预提供了提高效率的可能，但是设计与实现这一目标的手段与途径并不容易，在很多情况下产生了政府失灵。因此，政府对资源的配置同样具有局限性，对政府失灵的情况进行分析有助于防止人们从一个极端走向另一个极端，把市场和政策干预两者结合起来，增加人们选择的理性思考和认识。

5. 参与式发展理论

"参与"的概念大概出现在 20 世纪 40 年代末期,五六十年代逐渐发展成了具有实践意义的"参与式"的方式。到了 90 年代,经过 20 多年的实践,"参与"的概念和理论已趋于成熟,涵盖的方面更加广泛,"参与"已不能从字面上简单地理解为"介入"或群众的参加,而应更多地反映基层群众被赋权和行使其权利的过程。20 世纪 60 年代以后逐步形成的参与式发展理论,是作为对以现代化理论为代表的传统发展理论的反思与批判的面目出现的。与现代化理论相比,参与式发展理论是一种微观发展理论,它强调尊重差异、平等协商,在"外来者"的协助下,通过社区成员积极、主动地广泛参与,实现社区的可持续的、有效益的发展,使社区成员能够共享发展的成果。参与式发展的基本原则是:建立伙伴关系;尊重乡土知识和群众的技术、技能;重视项目过程,而不仅仅看重结果。归纳起来,参与式发展理论包含以下几个方面:参与主要是指在特定的社会状况下发展的收益群体对资源的控制和对制度的影响;参与意味着利益的相关方在发展过程中的决策作用;参与是政治经济权利向社会弱势群体进行调整的过程;参与意味着在社会中构建相互平等的伙伴关系。由此可见,参与式发展更多的是从弱势群体的角度来考虑发展问题,向弱势群体赋权,尊重他们的意愿、意见和建议,让他们在决策中发挥作用,让他们真正地收益。

6.3 山地城镇土地可持续利用管理机制框架构建

在前面章节山地城镇开发对生态环境影响机理分析的基础上,结合山地城镇开发土地可持续利用管理存在的问题,以及面临的主要制约因素,探求从土地可持续利用管理机制创新的角度,基于生态安全的大前提,建立基于生态安全的山地城镇开发土地可持续利用管理机制,以期山地城镇社会经济发展与山地区域生态保护的双向协调。

6.3.1 机制构建的指导思想

以我国现行土地管理法规及城乡规划管理法规体系为依据,以保护山地城镇生态安全、保障山地城镇用地效率为前提,抓住土地管理供给侧改革的契机,摒弃"先污染再治理"或者"边建设边破坏"的发展道路，建构以可持续发展和城市生态系统平衡为基础的新型体系，尊重山地城镇土地的自然特性，使山地城镇土地资源利用更为符合城市生态系统运行的规律，充分发挥其自然生态功能和社会经济功能的双重效益。按照"保环境、提效率、精细化管理、可持续利用"的要求，提高山地城镇土地管理水平和可持续发展能力，构建适合山地城镇土地可持续利用的新型土地管理机制和政策体系，为保障生态安全下的山地城镇土地利用管理新格局提供管理机制和政策支撑。

6.3.2　机制构建的目标

在明晰山地城镇开发建设与土地利用生态安全之间互动影响机理的基础上，研究如何通过土地利用管理制度的改革，使用主体在土地利用过程中把山地区域生态环境保护目标放在首位，促使企业、地方政府自觉优化用地布局、严格产业准入、提高山地城镇土地利用综合效益，统筹城乡发展，改善农村生产生活环境，实现山地城镇开发土地的可持续利用。

机制的构建要实现"引导对、激励灵、监管严、追责实"。"引导对"就是要充分发挥规划的"龙头"作用，首先保障规划编制的科学性，并在规划执行过程中，通过用地的环境保护监测指标的反馈，对规划进行动态的修编及调整，以保证其对生态安全大前提的恒久保障；"激励灵"就是要通过山地城镇用地标准的执行及产业准入，采用财税及地价方面的优惠，引导用地集约、低能耗、高附加值产业上山，同时激励用地主体的生态环境保护行为；"监管严"就是充分发挥政府、公众和技术等各方面的优势，加强山地城镇各类土地利用变化、山地区域生态环境的监督、监测和督察，对不可持续的用地行为及对山地区域的污染行为进行严格控制和管理；"追责实"是指在严格执行排污控制的基础上，通过缴纳保证金、实施生态环境损害赔偿等多种方式，落实用地主体的责任追究，使其承担用地不可持续行为带来的损失，并进行用地及环境修复。

6.3.3　机制构建的原则

1. 生态保育原则

坚持山地城镇开发利用以生态环境保护为前提，维护山地区域生态系统的完整性，妥善解决和避免土地利用过程中产生的对山体、山水环境及流域环境的不良影响，实现山地城镇生态环境质量的改善。

2. 前瞻性与可操作性原则

借鉴国内外有益经验和成功做法，立足山地城镇客观现有条件，在现行土地管理、城乡规划管理及生态管理的法规制度基础上，提出创新的思路和想法，并兼顾政策及措施的实际可操作性。

3. 公平与效率原则

公平和效率原则强调不能片面地追求经济效益，而忽视资源与社会承受能力；在山地城镇土地利用上不能过度追求用地效率，而忽视对环境的保护；不能只着眼于企业的引入，而忽视企业生产对山地城镇生态环境的负面影响。

6.3.4 机制构建的总体构思

综观国内外理论研究和现有实践，结合机制构建的指导思想和目标，分析得出，基于生态安全的山地城镇土地可持续利用管理机制的构建需要政府的管制和调控、市场的推进和公众的参与。政府管制是落实土地利用行为约束的基础，也是污染控制的最强有力的手段，同时政府的调控可以协调、平衡各方利益，在发展城镇的同时实现土地利用整体效益最佳；市场运作在资源配置中起着基础性的作用，是城镇发展和环境保护的内在驱动力；公众参与则通过对政府调控进行监督，对市场失灵及其缺陷进行补充和完善。从以上 3 个方面入手，形成"机制束"，使机制之间相互作用，共同推动山地城镇土地可持续利用（图 6.1）。

对机制的构建采用"机制束"——"政策要点"的思路，从宏观到微观、从全面到要点、从概念到手段进行全方位表达。"机制束"由规划引导机制、激励约束机制、动态监测评估机制、生态金融机制、山地城镇环境治理与保护协调管理机制，以及公众参与机制组成，各机制的具体内容在 6.4 节中进行阐述；进而，6.5 节提出山地城镇土地可持续利用管理机制的实施需要关注的政策要点，以促进基于生态安全的山地城镇土地可持续利用机制的有效实施。

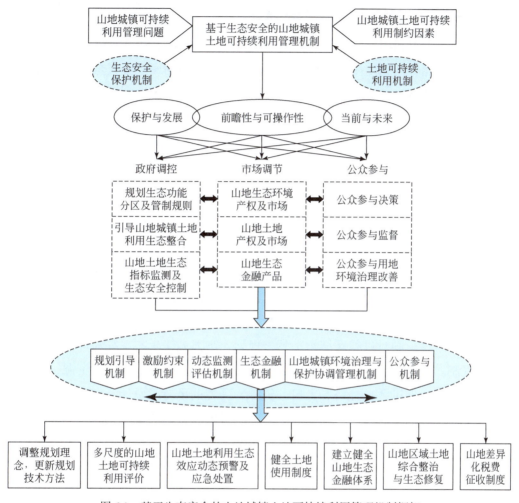

图 6.1　基于生态安全的山地城镇土地可持续利用管理机制框架

6.4　山地城镇土地可持续利用管理机制

6.4.1　规划引导机制

基于生态安全的山地城镇土地可持续利用管理要以规划为龙头，科学划定各类功能区，优化空间布局，切实发挥土地利用总体规划的宏观控制功能、城市规划的中观用地布局优化功能与镇村规划的微观山水格局设计功能，加强规划对山地城镇地区环境保护与经济社会发展的指导作用，促进土地资源可持续利用。

1. 严格落实规划生态功能分区及管制规则

严格落实土地利用总体规划中对各类土地用途区土地利用活动提出的限制，结合山地生态功能分区划定生态安全格局，落实区域土地利用生态安全管制规则。对山地城镇所处区域进行生态功能分区，同时对该区域进行土地利用适宜性评价，以及分析该区域土地利用方式对生态环境的影响，发现并总结生态功能分区和土地利用之间的内在联系，形成科学合理、可操作性强的生态功能分区方案，并且严格落实相应的管制规则。

2. 规划引导山地城镇土地利用生态整合

遵循现代生态城市设计理念，在土地利用规划过程中应用生态整合方法，优化土地利用格局和土地利用方式。在土地利用规划过程中，以生态整合方法为指导，从宏观到微观，改善山地生态系统结构及功能，优化土地利用模式，激发城市活力，改善社会、经济、环境的耦合度，实现山地城镇可持续利用的目标。在宏观层面，利用土地利用规划引导结构、过程、功能等方面的生态整合，构建科学的土地利用格局及开发时序。同时进行区域生态整合规划，增强城镇生态系统与环境支持系统的反馈机制。通过城乡一体化，城镇间的生态整合，统筹布局区域性资源，协调各层次城镇职能，促进区域经济、人口、资源、环境的可持续发展。在微观层面，结合山地城镇特性及发展方向，注重土地资源自身内部特质的生态整合，选择适宜的土地利用方式、用地时序、用地规模、开发强度。同时应兼顾山地土地资源与外部环境的生态整合，对建设用地之间进行用地相容性分析，激发建设用地之间的边缘效应。还应对建设用地和开敞空间进行生态整合，两者的有机融合能为居民提供满意的开放公共空间。土地利用规划与交通规划有着密不可分的关系，相互之间存在紧密的反馈机制，两者相互影响，相互制约，因此，土地利用规划也需要与交通规划进行整合。结合土地利用规划，科学规划道路系统，重视公共交通及步行交通体系规划，以实现道路交通功能和地块开发建设的有机整合。随着社会经济的进一步发展，文化软实力越来越受到重视，土地利用规划和城镇文化也需要进一步进行生态整合，重视区域文化生态，兼顾城市开发建设过程中空间形态和城市文脉的演进，要特别关注土地利用与城市空间特色和城市文化的生态整合。

3. 强化山地城镇建设规划的环境影响评价

随着经济的高速发展，经济活动的规模和范围不断扩大，土地利用政策、规划和计划的实施对生态环境的影响越来越突出，成为可持续发展的重大问题。相对于具体的建设项目而言，政策、规划等对生态环境的影响范围更广，影响深度更深，影响时间更持久，因此，需要进行更加科学、合理的土地利用规划环境影响评价。土地利用规划的环境影响评价是指对土地利用规划实施后可能造成的环境影响进行分析、预测和评价，提出预防或者减轻不良环境影响的对策和措施，进行跟踪监测的方法和制度，可看作是战略环境影响评价的一种。土地利用规划环境影响评价可弥补建设项目环境影响评价的局限性，从战略的角度考虑土地利用的整体变化对环境的影响，从源头上控制不合理开发土地资源可能引致的生态环境问题，同时对资源配置起到综合协调引导作用。目前土地利用规划环境影响评价还存在许多问题有待进一步探讨及解决。为了使环境影响评价效果更佳，选取科学的理论模式，根据不同尺度的土地利用规划功能和问题，构建弹性灵活的规划环境影响评价体系，并选取合理科学、易获取的指标。同时加强政策衔接度，构建规划环境影响评价的基础数据库，建立规划环境影响评价信息共享平台，整合各部门的相关数据，收集全面且连续的数据，从而实现不同尺度、不同层次、不同区域的土地利用规划环境影响评价。

6.4.2　激励约束机制

建立有效的激励约束机制，从而使土地使用者在土地使用过程中同时具有外在压力与内在动力，促进土地资源的合理利用，从而实现掠夺式用地行为向可持续用地行为转化。从污染排放控制、产业用地标准及准入、财税政策的优惠与引导等方面，建立生态约束下的山地城镇可持续利用的激励约束机制。

1. 加强污染排放控制

加强各类引起水源污染、大气污染、土壤污染等方面的污染物排放的控制。山地城镇居民点、工业用地、交通用地、农业用地使用过程中会产生大量污染物质，如有害气体、生活生产污水、噪声、矿渣等，对大气、水源、土壤等产生污染。全面控制各类污染物质的排放，禁止将未经处理的各类污染物排放至自然环境中，并建立污染物回收和处理设施。严格执行相应的法律法规，从源头控制污染物的排放，保护环境。

2. 山地城镇产业用地指导标准制定及准入规则

通过山地城镇产业用地指导标准的制定，明确符合山地区域用地特点的用地标准，形成符合地方产业发展政策导向，提高产业用地环境保护水平、节约集约水平，体现区域及产业差别的山地城镇产业项目用地标准指标体系，控制指标直接作用于产业用地标准，从指标种类、数值类型、指标数值等方面设置控制指标；此外，需完善山地城镇产业准入机制，规范产业用地准入评估，对土地使用设置多道"门槛"，实施严格管制，变"招商引资"为"选商引资"，凸显经济生态效益。产业用地门槛主要包括投资门槛（地均投资额）与效益门槛（地均产出额），同时可以配套土地利用率（建筑容积率）和利用方式（非生产性用地比重）方面的限制，并且应充分考虑生态效益，鼓励绿色、创新型等生态经济效益高的产业。明确准入评估标准，对评估项目的生产类型、生产技术、投资强度、产出效率、节能环保、用地规模等方面严格把控，对于高耗能、高污染的淘汰类产业不予批地。需要对已批的土地及时进行服务和监管，建立低效工业用地的识别制度，完善低效用地退出机制，推动低效工业升级，优化土地资源配置。根据不同视角低效工业用地类型大致可分为闲置关停型低效、开发利用型低效、投入－产出型低效、产业导向型低效、合同契约型低效、用途配置型低效。低效工业用地认定标准应考虑区域、产业差异，在符合国家和地方相关政策条件下，结合区域发展现状和产业特点，制定出多区域、多层次、多阶段、多产业的认定标准，并且完善投资协议和相关合同，明确投资强度、投资方式及违约责任，以法律途径约束企业行为，在环保方面坚持"谁污染，谁负责"的原则，也为后续监管企业提供依据。

3. 财税政策的优惠与引导

财政税收可以发挥调节作用，促进土地资源的合理利用，调整利用方向，保护土地资源，促进实现土地可持续利用目标。山地拥有丰富的自然资源，同时也是重要文化和生物多样性的重要集聚地，是重要原材料的来源，但是其生态环境敏感脆弱，经济欠发达，土地开发难度大。在土地利用方面，加强土地闲置费征收工作，有效避免土地闲置与浪费。同时应保护耕地，加强耕地占用税的征收。此外，通过征收环保税、税收优惠、污染治理投资、财政转移支付、政府绿色采购等方式减少环境污染，降低资源消耗，保护山地资源。根据实际情况，实行差别税率，科学促进环境保护。实行税收优惠政策，对集约利用山地资源的绿色产业实施减免税的优惠政策，让利纳税人，提高企业环境治理的积极性，正向激励其积极研发环保技术，促进环境产业发展，保护生态环境。加大污染治理投资，平衡不同区域环境治理水平。由于山地资源利用方式较粗放，财政补贴还能预防因贫困引起的污染和破坏环境的行为，如预防毁林开荒行为，从而保护山地资源。

6.4.3　信息化平台搭建与动态监测评估机制

1. "多规合一"的山地城镇用地平台搭建

为加强山地城市各种规划之间的统筹和协调,将各个规划整合到统一的空间体系里,从而减少各规划之间的矛盾和冲突,完成各规划之间的对接和完善,提高山地城市建设用地的土地利用效率和生活空间适宜度,形成生产、生活、生态空间的合理布局。利用GIS技术强大的空间分析、数据整合等功能,结合发改、国土、规划、环保、林业、农业及水利等多部门规划,构建"多规合一"的山地城镇用地平台,主要包括城市空间发展平台和城市空间管理平台。城市空间发展平台的主要作用为,根据各城镇发展战略和计划,统一各部门规划,确定城市建设用地边界和生态控制线,调整各规划的空间板块差异,优化城市空间格局,形成同一空间、同一区域、同一位置基准上的无缝对接。城市空间管理平台主要是将"多规合一"成果整合到统一的数据信息技术平台上,实现多部门共享,便于政府相关职能部门使用和沟通,提高政府审批管理工作效率,以及加快信息资源和规划材料的对接和更新。

2. 土地利用全生命周期管理

土地利用全生命周期管理指通过健全土地的用途管制、功能设置、业态布局、土地使用权退出等机制,将项目建设、功能实现、运营管理、节能环保等经济、社会、环境各要素纳入合同管理,实现土地利用管理系统化、精细化、动态化,提高土地利用质量和效益的重要举措。其主要运用于建设用地利用方面,以土地利用全生命周期业务流程为主线,对土地利用计划、审查报批、土地征收、土地供应、土地利用和土地退出进行土地管理业务的纵向过程监管和全生命周期的横向综合监管。通过平台对其进行业务审查、数据库建设、过程数据采集、监测、挖掘、查询,实时发布、及时反馈处理各项目土地利用情况。生态用地土地利用全生命周期管理重在前期规划和严禁违规变更其用途,一旦发现违规行为,及时处理纠正。同时具有项目历史信息回溯和上一生命周期信息回溯查询功能,实现存量挖掘和土地节约集约利用。通过建立此平台,提高土地资源管理工作效率和强化用地监管手段,优化土地资源配置。构建土地利用全生命周期管理平台,对建设用地和生态用地进行土地利用全生命周期管理。

3. 形成多尺度的山地土地可持续利用评价机制

虽然在不同的学科视角下构建了土地可持续利用的评价指标体系,但目前我国还缺少全国性的、系统完整的、既具有普适性又具有区域性的指标体系、土地可持续利用评价的相关标准、监管指标及规范评价方法。各地区的自然条件和社会经济条件不同，面临的具体问题也有差异，因此，需要探索建立山地土地可持续利用评价体系，开展多尺度动态土地可持续利用评价。在宏观层次上，以山地城镇所处位置的完整小流域或完整地貌单元为评价范围，其指标可以从地质学、景观生态学、气象学等方面选取，应着重反映自然条件对某种土地利用方式的适宜性，以及土地利用方式对生态环境造成的影响，指标如景观破碎度等；在中观层次上，以山地城镇边界为评价范围，其指标可以从土地利用压力、生态功能用地布局、经济指标、社会指标等方面选取，为城市用地布局的合理调整和结构优化奠定基础，如农业集约度指标、地方流动性和交通、土地价格指标、满意度指标等；在微观层次上，以项目为评价范围，其指标可以从生产生活方式对生态环境造成影响的具体指标进行选取，应易于获取，便于评价，灵活性、通用性较强，具体评价项目对生态环境的影响，指标如各类污染物排放指标等。

4. 生态环境、山地地质灾害指标监测及生态安全控制

完善山地生态指标监测系统，对山地城镇所在的完整的小流域或完整地貌单元的地质灾害、景观连接度、生物多样性、土壤污染、水质污染、植被等要素进行动态监测，及时、准确地掌握山地城镇所处区域生态指标的变化情况，建立山地生态安全评价指标体系，定期评价山地生态安全，对发现的问题及时进行控制和修复；根据影响因素随时间变化的频率，可将其划为缓变因素、频变因素、不定因素三类，主要监测频变因素和不定因素指标，包括对降水、地震、人类经济活动、水文地质条件、河流侵蚀、植被条件等指标进行监测，若发现可疑情况，立即进行勘察和处理，最大化地减少由地质灾害造成的损失，以及对地质灾害易发地区采取保护措施。同时构建多层次的生态网络体系，根据生态功能区划，建设生态涵养区，大力发展生态产业，加快风光带建设，构建并保护好绿色生态圈，加快山地生态脆弱地区森林隔离带建设，实施村庄绿化工程，建设镇村片林和集中绿地，以保障山地生态安全。

5. 山地土地利用生态效应动态预警系统

充分利用"3S"技术，依托其强大的现势性强、准确、直观等特点，推进土地利用生态效应动态预警系统平台建设。完善环境评审专家库建设，构建土地利用与水资源、土壤、森林等方面的相互关系模型，建立区域性水、土壤、森林等环境质量监测网络，进行多数据关联，建立数据库，并实现信息共享。实行区域化个性评估，根据评估结果，掌握不同土地利用方式对水、土、森林造成的生态反应，设置评价预警系统。通过预警系统调整土地利用结构、方向、时序，及时对不当利用行为进行管制。

6.4.4 生态金融机制

1. 推进山地生态环境产权明晰与资产化

生态环境和自然资源具有外部性和公共产品特性，内化资源外部性和避免"公地悲剧"的关键就是建立主体明晰、权责明确的资源产权制度。推进生态环境产权明晰与资产化，对污染排放权利，以及自然资源、生态系统的权利进行界定，奠定市场机制运行的产权制度基础。做好自然资源资产分布与数量调查、账户平衡等工作，并对各项自然资源资产结合其生态服务功能特性进行价值评估。建立完善的自然资源产权制度，明确所有权主体，划清权利边界，建立合理的价格机制，从而推荐生态环境产权明晰化和资产化。

2. 完善山地生态金融市场机制与运行模式

扩大绿色金融市场的各类参与主体，充分调动保险公司、证券公司等非银行金融机构的积极性。由于环保产业的发展需要大量先期投入资金，具有较长的资金回收期，因此，需要建立多层次的绿色资本市场，利用现有的资本市场积极推动低碳优先上市融资，加快生态中介机构发展，鼓励生态信用评级机构积极从事生态项目开发咨询、资产管理等。建立生态基金和生物多样性基金机制、森林证券化机制，以及自然灾害证券交易机制。

3. 创新、丰富山地生态金融产品

生态金融指金融活动中充分考虑对生态环境的潜在影响，把与生态环境相关的潜在成本、收益、风险、回报纳入投融资决策中，通过对经济资源的引导，促进经济、生态、社会可持续发展。在建立生态金融体系的过程中，需要进一步创新、丰富山地生态金融产品和服务方式。加强生态金融衍生工具创新，把生态作为理财期权，创新各种金融衍生产品。积极发展碳基金、碳期货等金融创新。发行环保债券，支持一些环保效益好的、资金规模需求大的生态环保项目。发行环保股票，股份制环保公司可以通过发行股票进行筹资。建立环保产业投资基金，专门投资于与环保相关的企业，用基金对未上市的环保企业进行投融资支持。推出绿色保险产品，在环境事故发生之后，保险公司对事故受害者遭受的经济损失进行赔偿，同时可推出巨灾风险证券、排放减少信用等金融衍生产品。

6.4.5　山地城镇环境治理与保护协调管理机制

1. 划定基本生态控制线

以划定基本生态控制线的办法加强对山地建设用地扩张控制和山地区域内生态保护。按照生态优先原则，优先划定山地所处区域的基本生态控制线，然后与建设用地的增长边界控制线无缝对接，便于缓解日后的开发冲突。在生态控制线内按主体和用地类型进一步划定基本农田控制线、林地控制线、水域控制线及风景名胜控制线等各类用地控制线，形成生态保护体系，并向社会公布，对生态控制线内的土地资源强制进行严格保护，接受全社会监督。严禁违规改变线内建设项目，对于可以在控制线内进行建设的项目，需要严格执行环境影响评价、可行性分析等评估，并将评估结果公示。

2. 构建山地生态补偿市场

健全山地生态补偿制度框架，延伸补偿范围，引导生态保护补偿由单一要素向基于区域城市主体功能定位的综合性补偿转变，以生态补偿助推生态建设。同时加快建立市场化、多元化的生态补偿机制，补偿方式从资金补偿向多元化补偿转变。不仅增加对生态环境保护方面的转移支付力度，并确保其用途。同时还加强市场作用，引入市场机制，通过市场作用填补空缺资金和协助政府管理，并且支持合法的非营利组织活动，进一步完善生态补偿机制。

3. 建立山地土地利用生态保证金

建立山地土地利用生态保证金制度，规定所有计划用地主体都必须缴纳一定金额的生态保证金。土地利用主体需要签订生态环境相关的保护合同，对土地利用过程中的污染物质排放、生态影响控制做出保证，经过相应的评估和审批程序才能取得土地使用权。若用地主体按合同履行生态保护义务，通过验收可退回土地利用生态保证金，反之，政府可动用保证金进行生态环境治理。

4. 实施生态环境损害赔偿

在山地城镇用地管理中，实施生态环境损害赔偿制度，明确损害赔偿范围、责任主体、损害赔偿解决途径等，同时提供相应的技术资金支持，配套运行机制。生态环境损害赔偿范围包括清除污染费用、生态环境修复费、生态环境损害赔偿调查、鉴定评估等多方面的合理费用，同时要进一步明确赔偿义务人和权利人。

此外，完善赔偿诉讼规则，根据赔偿义务人的具体情况，探索多样化的责任承担方式。还需要加强判决结果和损害赔偿的执行与监督，可委托第三方支付损害赔偿金。

6.4.6　公众参与机制

1. 公众参与决策

通过社会公众的广泛参与，为地方政府的科学决策提供建议，针对山地城镇开发建设的相关规划包括土地利用总体规划、城乡规划、环境保护规划、流域保护规划等，公众参与决策有利于发挥公众的专业知识和创造性，提高决策质量，维护规划的可信度和合法性。公众参与主体包括所有的利益相关者，即山地城镇区域土地管理部门、城建部门、环保部门及其他政府部门、农民、城市居民、土地开发商、科研机构和专家等。在广泛征求各方面意见的基础上，也保证了各种规划及各项政策的顺利执行。

2. 公众参与监督

发挥公众强大的监督力量，通过建立咨询与听证制度、信息公开制度的保障，畅通群众反馈意见渠道，监督土地按照制度与规划要求加以开发利用，同时加强对地方政府及官员行为的监督，避免政府干预的偏差，或引起外部不经济性；建立有偿举报制度，扩大监督渠道，将土地闲置浪费及流域污染控制降低到最低限度；开展山地城镇建设重大决策事项的公示和听证，确保公众的知情权、参与权和监督权，充分发挥网络监督和舆论的功能，使其成为维护山地土地可持续利用秩序及保护山地城镇生态环境的重要力量。

3. 公众参与用地环境治理改善

在山地城镇用地方面，可以通过宣教让山地城镇居民一同加入到环境保护和用地监督的日常工作中，通过改善自身用地行为及生活习惯推进区域用地的可持续性；此外，可以借鉴国外"三三制"，即由公民、企业、政府各占三分之一来组成环保工作的民间机构，专门负责公众参与用地方面的环保工作，另外，上文所说的生态环境损害赔偿金也可以作为其经费来源的一部分。这样的机构给公众参与提供一个平台，平衡各方利益，解决政府的困惑，且有针对性。

6.5　山地城镇土地可持续利用管理政策要点

6.5.1　调整规划理念，更新规划技术方法

规划是实现山地区域土地可持续开发利用的基本前提，是政府进行土地管控的重要依据，更是实现区域"经济—生态—社会"可持续发展的基本途径。基于生态安全的山地城镇土地可持续利用规划要调整着眼于建设的规划理念，在规划过程中强化山地区域生态安全意识，落实基于生态指向的山地城镇空间发展目标，以生态涵养、生态安全为先导，从生态理念、绿色发展、低碳经济的高度，按照人口资源环境相均衡、经济社会生态效益相统一的原则，控制开发强度，调整空间结构，促进生产空间集约高效、生活空间宜居适度、生态空间山清水秀。

要通过规划引导山地城镇土地利用的生态整合，使用地过程中的生态效益得以显现。在规划过程中要特别注重生态系统构建，通过构建以大环境森林自然景观为基质，以风景区、森林公园等绿色板块为重点，以农田林网绿化为依托，以主要河流、公路沿线绿色通道为脉络，以山体为屏障，以"绿山养水，水中有绿，山水相映，绿水相通"的景观生态安全格局，达到可持续性的生态效益。此外，针对山地城镇建设，要把城镇的"精明增长"与村庄的"精明收缩"相结合，高效利用好山地区域有限的建设用地资源，保障其在时间和空间上的优化配置。

积极应用"多规合一"、用地全生命周期管理系统等手段，使山地城镇用地管理实现信息化、动态化、可视化，并能够整合山地土地利用生态效应的动态监测数据，实现基于生态安全的山地城镇规划调整的辅助决策功能。

6.5.2　实行多尺度的山地土地可持续利用评价

评价是对土地利用现状进行客观、科学认识的前提和必要手段，在以往的研究及实际工作中，对区域尺度的土地可持续利用指标体系及阈值的研究较多，但都停留在普适性的标准及较为宏观的尺度上，亟待研究确定针对山地土地可持续利用特点的评价体系及评价标准，从宏观、中观及微观不同尺度，对山地区域的城镇用地可持续性进行较为准确的判断。可借鉴国家对土地节约集约利用评价的经验及管理办法，实行每年度的多尺度的山地土地可持续利用评价，且要将山地土地可持续利

用评价工作制度化、常态化，重点关注城镇化进程中建设用地增量较大、区域新进产业开发强度较大的区域。评价结果一方面提供给山地城镇用地规划的动态调整和及时纠偏；另一方面提供给地方行政考核作为依据。

6.5.3　山地土地利用生态效应动态预警及应急处置

在山地土地生态安全控制的基础上，对地质、水位、水质、降水、径流、空气质量、动植物种群数量等生态环境指标进行日常监测，及时掌握生态状况监测数据，分析生态状况及变化趋势。可采用本书构建的模型对山地城镇土地利用进行情景模拟，选择适宜的土地利用模式，并进一步预测用地格局演变及其生态效应趋势，评估用地生态安全状况，建立山地城镇用地生态安全预警模型，对山地城镇用地生态效应进行动态预警；制定山地城镇用地环境事件应急处置办法，及时发布预警信息，启动应急响应，加强大气、水体、土壤等应急监测工作，并在突发环境事件应急响应终止后，及时组织开展污染损害评估，将评估结论作为损害赔偿、环境修复和生态恢复重建的依据。

6.5.4　完善土地市场建设，健全土地使用制度

一方面，通过完善和统一土地市场，在用途管制约束下对用地进行合理流转和交易，以发挥市场配置土地资源的基础作用，积极落实国家关于集体建设用地流转及"三权分置"的相关政策，立足于盘活存量建设用地，通过市场机制增加集体建设用地的经济供给，充分利用经济供给的弹性来克服自然供给的刚性，从而抑制山地区域建设用地快速外延扩张，有效地保护耕地，同时，使得山地土地资源的价值通过市场得以体现和增长，并可以通过土地市场的价格信号来引导山地区域土地资源的调节和分配，从而促成山地区域土地利用效率的提高；另一方面，依据国家现行土地利用政策，根据山地城镇建设的实际问题，积极申请试点健全及创新土地使用制度的权限，调动山地居民及用地企业的积极性，采用多种方式联合经营开发，创新探索产业用地与生态用地的复合利用，并且在土地金融、信贷方面给予相关特殊性政策，以此激发山地城镇开发建设的活力，提高山地城镇建设的用地效率和效益。

6.5.5 建立健全山地生态金融体系

首先，山地生态金融能够在融资环节对环境友好型企业实施低利率，对污染企业实施高利率，影响企业生产经营的资本成本；其次，山地生态金融发展使得很多企业和寻求新投资机会的投资集团在经营过程中必须充分识别山地环境风险，于是它们将更多地倾向于发展绿色环保产业，促进生态环境保护；最后，山地生态金融通过引导公众投资行为，促进公众投资将环境风险因素纳入考量范围，从而约束企业在环保方面的作为。所以，亟待在山地生态环境产权确定及资产化评估的基础上，建立健全山地生态金融体系，让山地区域生态环境无形资产得以显现。充分调动保险公司、证券公司等非银行金融机构的积极性，参与到山地生态金融体系构建中，同时借鉴国外较为成熟的经验，创新和丰富生态金融产品，以此提高地方政府及用地企业的环保和环境经营意识，促进山地区域的环境保护。

6.5.6 山地区域土地综合整治与生态修复

以山地区域城、镇（村）土地利用布局优化、灾毁、采矿废弃地、扶贫异地搬迁土地综合整治、山水林田湖草生态系统修复为重点，平衡各相关主体的利益，在生态安全的大前提下，以寻求经济合理发展和土地集约可持续利用为目标进行整治和修复。建议借鉴第4章总结的苏黎世经验，在进行山地区域土地综合整治及生态修复的过程中，重视动植物之间物种的协调发展，重视对动植物种群数量进行动态监测，并作出反馈改进。

针对山地的不同区域，差异性地选择整治和修复模式。对于山地区域的城市用地，土地综合整治主要是落实低效工业用地退出，同时加大闲置土地处置力度，进一步改善生态环境质量，增加绿地与开敞空间，设立工业用地退出专项补偿金，健全财政资金绿色信贷配套体系；对已污染或周边环境遭到破坏的用地，及时进行生态修复，利用山地土地利用生态保证金及生态环境损害赔偿的资金保障生态修复的顺利进行，同时还要探索赋予同一块土地多种功能，注重复合开发，如将其修复为集生态保育、农业开发、旅游观光、食品加工等功能于一体的生态农业园；对于山地区域的镇村用地，土地综合整治的一个重要目标是改善区域的生态环境质量，因此，在综合整治时要考虑景观设计和生态平衡，通过农用地整理，改善水土结构和农田小气候，同时也使景观生态环境得到改善；通过居民点拆并及用地布局优化，形成更为合理的镇村体系，完善设施配套，改善人居环境。

6.5.7　完善山地差异化用地土地税费征收制度

完善山地差异化用地出让价格、用地税费征收标准，在符合用地产业准入的基本原则上，对不同污染等级的用地单位实行不同的用地价格及税费收取。以此激励用地单位通过技术革新、产业升级等方法达到更高的环保要求，并在用地出让价格及用地税费征收过程中对绿色产业进行扶持，通过税费杠杆，实现山地土地利用的可持续目标。

本章依据本书前述部分山地城镇土地可持续利用与山地生态环境的关系研究分析结果，结合基于生态安全山地城镇建设开发的土地可持续利用理论基础，明确基于生态安全山地城镇建设开发土地可持续利用管理机制构建的指导思想、目标及原则，在此基础上，从政府调控、市场调节和公众参与 3 个方面为主线展开，构建了基于生态安全的山地城镇土地可持续利用管理机制的总体框架。进而，从规划引导、激励约束、信息化平台搭建与动态监测评估、生态金融、山地城镇环境治理与保护协调管理、公众参与 6 个方面阐述了机制的内涵及具体内容，并提出了调整规划理念、更新规划技术方法、实行多尺度的山地土地可持续利用评价、山地土地利用生态效应动态预警及应急处置等七项政策要点，供实际管理执行时参考。

参 考 文 献

北极星环保网 . 2016.《上海市经营性用地和工业用地全生命周期管理土壤环境保护管理办法》的通知 . http：//mhuanbao. bjx. com. cn/mnews/20160715/751798. shtml. 2017-3-25

曹明弟 . 2015. 生态金融为何重要 . http：//paper. ce. cn/jjrb/html/2015-02/03/content_230740. htm. 2017-10-10

陈韦，黄焕，张翼峰，等 . 1989. 一种基于 GIS 的土地全生命周期智慧监管方法 . 中国，CN201510599036. 0

葛俊杰 . 2011. 利益均衡视角下的环境保护公众参与机制研究 . 南京：南京大学博士学位论文

黄玥 . 2015. 完善自然资源产权和用途管制的制度研究 . 环境与可持续发展，（3）：26～28

李和平，马宇钢 . 2013. 基于台地特殊性的生态型城市设计——以重庆忠县水坪组团城市设计为例 . 小城镇建设，（11）：92～97

李植斌 . 1999. 一种山地可持续利用评价方法 . 山地学报，17（01）：13～15

李宗华，罗长林，童秋英 . 2013. 基于高维属性智能融合的建设用地动态监管技术实现 . 国土资源科技管理，30（5）：58～62

王慧，魏圣香 . 2009. 生态金融机制的类型及其法律问题研究 . 证券市场导报，2010（3）：15-22

王克强，赵露，刘红梅 . 2010. 城乡一体化的土地市场运行特征及利益保障制度 . 中国土地科学，24（12）：52～57

王如松，胡聃，李锋，等 . 2010. 区域城市发展的复合生态管理 . 北京：气象出版社：87～95

吴凯 . 2016. 土壤污染治理的财政税收法律保障一体化原理 . 世界环境，（4）：85～85

闫照辉 . 2004. 城市土地利用过程中的生态整合——西南地区山地城镇生态化规划建设探索 . 重庆：重庆大学硕士学位论文

杨波，杨亚军 . 2011. 土地可持续利用机制研究综述 . 湖南商学院学报，18（02）：38～40

杨喜光，何梅 . 2012. 我国构建生态金融体系探究 . 商业时代，（14）：66～67

尤艳馨 . 2009. 我国国家生态补偿体系研究 . 天津：河北工业大学博士学位论文

曾广权，洪尚群，张星梓，等 . 2006. 建立云南省生态补偿机制的研究 . 昆明：云南科技出版社：54～68

张梦琳，陈利根 . 2017. 农村集体建设用地流转：政策分析、配置效应及政策选择 . http：//www. paper. edu. cn. 2017-1-25

张孝成，郭欢欢，孙芬 . 2016. 中国产业用地标准管理困境及美国经验借鉴 . 国际城市规划，31（05）：76～79

张勇，王李鸿 . 2009. 山地生态安全及其评价方法 . 水科学与工程技术，（04）：32～35

张玉 . 2014. 财税政策的环境治理效应研究 . 济南：山东大学硕士学位论文

赵华林 . 2018. 生态金融谁来撬动 . http：//finance. chinanews. com/ny/2014/12-29/6919963. shtml. 2018-1-15

赵万民 . 2008. 我国西南山地城市规划适应性理论研究的一些思考 . 南方建筑，（04）：21～23

卓光俊 . 2012. 我国环境保护中的公众参与制度研究 . 重庆：重庆大学博士学位论文